Friedrich Kaiser

**Geschichte und Beschreibung der Sternwarte in Leiden**

Friedrich Kaiser

**Geschichte und Beschreibung der Sternwarte in Leiden**

ISBN/EAN: 9783743656246

Hergestellt in Europa, USA, Kanada, Australien, Japan

Cover: Foto ©ninafisch / pixelio.de

Weitere Bücher finden Sie auf **www.hansebooks.com**

# GESCHICHTE UND BESCHREIBUNG
### DER
# STERNWARTE IN LEIDEN

VON

## D$^r$. F. KAISER
PROFESSOR DER ASTRONOMIE UND DIRECTOR DER STERNWARTE.

AUS DEM ERSTEN BANDE DER ANNALEN DER STERNWARTE
IN LEIDEN BESONDERS ABGEDRUCKT.

HARLEM
JOH. ENSCHEDÉ & SÖHNE.
1868.

# INHALT.

|  | Seite. |
|---|---|
| GESCHICHTE DER ASTRONOMIE UND DER STERNWARTE AN DER UNIVERSITÄT IN LEIDEN | I. |
| A. GESCHICHTE BIS ZUM ENDE DES SIEBZEHNTEN JAHRHUNDERTS | I. |
| B. GESCHICHTE WÄHREND DES ACHTZEHNTEN JAHRHUNDERTS | IX. |
| C. GESCHICHTE IM NEUNZEHNTEN JAHRHUNDERTE, BIS ZUM JAHRE 1857 | XII. |
| D. GESCHICHTE SEIT DEM JAHRE 1857 | XXI. |
| E. AUFZÄHLUNG DER AN DER LEIDNER STERNWARTE AUSGEFÜHRTEN, VERÖFFENTLICHTEN UND NICHT VERÖFFENTLICHTEN ARBEITEN | XXXIV. |
| BESCHREIBUNG DER NEUEN STERNWARTE IN LEIDEN | XLIII. |
| VERZEICHNISS DER INSTRUMENTE DER STERNWARTE IN LEIDEN BEIM ANFANGE DES JAHRES 1868 | LIII. |
|    A. INSTRUMENTE FRÜHERER ZEIT, VON EINIGER BEDEUTUNG FÜR DIE GESCHICHTE DER ASTRONOMIE | LIII. |
|    B. HAUPTINSTRUMENTE, ZUR ABSOLUTEN UND RELATIVEN ORTSBESTIMMUNG VON HIMMELSKÖRPERN | LV. |
|    C. ASTRONOMISCH-GEODÄTISCHE INSTRUMENTE | LVI. |
|    D. ASTRONOMISCH-NAUTISCHE INSTRUMENTE | LVII. |
|    E. FERNROHRE | LVII. |
|    F. UHREN | LVIII. |
|    G. APPARATE ZU REGISTRIR-BEOBACHTUNGEN | LIX. |
|    H. APPARATE ZU BESONDEREN UNTERSUCHUNGEN, WELCHE SICH BEI MEHREREN INSTRUMENTEN ANWENDEN LASSEN | LXI. |
|    I. GEODÄTISCHE UND MATHEMATISCHE INSTRUMENTE | LXI. |
|    K. APPARATE VERSCHIEDENER ART | LXII. |
|    L. METEOROLOGISCHE INSTRUMENTE | LXIII. |

| | Seite. |
|---|---|
| M. Versinnlichungs-Apparate für den Unterricht in der populären Astronomie | LXIII. |
| N. Instrumente zur Zeitbestimmung, im bürgerlichen Leben zu benutzen | LXV. |
| O. Geräthe | LXV. |

**Bemerkungen über den Meridian-Kreis der Sternwarte in Leiden und die dazu gehörigen Hülfs-Apparate** . . . . . . . . . . . . . . . LXVI.

   A. Die Einrichtung des Meridian-Kreises . . . . . . . . . . . . . . . LXVI.

   B. Die von den Künstlern geliefertern Hülfs-Apparate . . . . . . . . . . . LXXV.
      *Die Libelle.* S. LXXV. *Der Umlegebock.* S. LXXV. *Die Collimatoren.* S. LXXVI. *Die Hülfs-apparate zu Nadir-Bestimmungen.* S. LXXVI. *Der Fühlhebel.* S. LXXVI.

   C. Die in Leiden neu angewendeten Hülfs-Apparate . . . . . . . . . . . . LXXVII.
      *Die Einrichtungen zur Nadir-Bestimmung.* S. LXXVII. *Die Einrichtung zu Reflex-Beobachtungen.* S. LXXX. *Die Meridian-Zeichen.* S. LXXXI. *Die Einrichtung zur Untersuchung der Theilung.* S. LXXXIII. *Der Sonnenschirm.* S. LXXXVI.

# VERBESSERUNG.

Seite X Zeile 2 statt Wilhelm Schepers, lies Sebastian Schepers.

# GESCHICHTE DER ASTRONOMIE UND DER STERNWARTE AN DER UNIVERSITÄT IN LEIDEN.

## A. GESCHICHTE BIS ZUM ENDE DES SIEBZEHNTEN JAHRHUNDERTS.

Als während des achtzigjährigen Freiheitskrieges, welchen die Niederlande mit Spanien führten, die Stadt Leiden im Jahre 1574 eine harte Belagerung erlitten hatte, entschlossen sich der Statthalter Prinz WILHELM I von Oranien und die Staaten Holland's, die, von der dortigen Bürgerschaft bewiesene Treue, Tapferkeit und Beharrlichkeit, mit der Stiftung einer Universität in Leiden zu belohnen. Schon am 8. Februar des Jahres 1575 wurde die Leidner Universität eingeweiht, und bald hatte sie sich einen so grossen Ruf erworben, dass auch zahlreiche Ausländer nach Leiden kamen, um sich dort eine wissenschaftliche Bildung zu erwerben. Nach den ursprünglichen Statuten sollte der Unterricht an der Leidner Universität sich über Theologie, Jurisprudenz, Medicin, Philosophie und Mathematik erstrecken, doch kurz nach ihrer Stiftung nahm sie auch die Naturwissenschaften in den Kreis ihrer Thätigkeit auf. Schon im Jahre 1582 erhielt DODONAEUS, bei seiner Anstellung als Professor der Medicin, den Auftrag auch in der Physik Unterricht zu geben, und fünf Jahre nachher wurde an der Leidner Universität ein botanischer Garten gestiftet, dessen erster Director der Professor der Medicin GERARD DE BONDT war. Auf den Wunsch des Prinzen MORITZ wurde im Jahre 1600 eine Professur hergestellt, um in der Holländischen Sprache Vorlesungen über angewandte Mathematik, und besonders über Geodäsie, halten zu lassen. Diese Professur, welche besonders die Ausbildung von Ingenieurs bezweckte, wurde zuerst gleichzeitig von LUDOLF VAN CEULEN und VAN MERWEN versehen und hat, mit nur kurzen Unterbrechungen, während zweier Jahrhunderte bestanden. Schon sehr früh gedachte man an der Leidner Universität auch der Astronomie; denn gleich bei ihrer Stiftung hat sich der schon genannte DE BONDT, welcher Arzt in Leiden war und bald zum Professor der Medicin und der Botanik ernannt wurde, angeboten Vorlesungen über Mathematik und Astronomie zu halten. Seitdem wurde die Astronomie an der Leidner Universität während längerer Zeit als ein Theil, nicht der angewandten, sondern der reinen Mathematik betrachtet und, nachdem man im Jahre 1581 einen Lehrstuhl der reinen Mathematik errichtet hatte, welcher zuerst von Rudolph Snellius, dem Lehrer des Prinzen Moritz, eingenommen wurde, meinte man auch für den Unterricht in der Astronomie gesorgt zu haben. Kurz nach Stiftung der Leidner Universität sind an derselben von den Professoren der reinen Mathematik fast ununterbrochen Vorlesungen über Astronomie gehalten und, um den Unterricht in dieser Wissenschaft zu unterstützen und zu vervollständigen, wurde in Leiden eine Sternwarte gestiftet, lange bevor man an den übrigen Universitäten Europa's an eine solche dachte. Dass die Astronomie an der Leidner Universität ins Leben gerufen war, hat sich freilich nicht durch die Veröffentlichung von dort angestellten Beobachtungen oder Untersuchungen gezeigt, aber diese Erscheinung lässt sich grossentheils aus ganz natürlichen Ursachen erklären. Die Leidner Universität wurde im ersten Jahrhunderte ihres Daseins aus ihren eigenen Mitteln unterhalten und erhielt noch längere Zeit nachher nur eine mässige Unterstützung vom Staate. Niemals aber konnte sie über ein Vermögen verfügen, wie es die Stiftung einer grossen Anstalt zur Ausbildung der Astronomie erfordert hätte und solch eine Stiftung gehörte auch nicht zu ihren Zwecken. So lange es dem Staate nicht gefiel, eine öffentliche Anstalt, deren Bestimmung es gewesen wäre astronomische Beobachtungen anzustellen, mit der Leidner Universität zu verbinden, konnte eine dortige Sternwarte kaum etwas mehr sein als ein Hülfsmittel zum Unterrichte. Die Professoren der reinen Mathematik, welche als Vorstände der Sternwarte auftraten, waren dabei gewöhnlich zu Vorlesungen verpflichtet über Wissenschaften, welche mit Mathematik und Astronomie nicht im mindesten in Verbindung stehen und es war ihnen durchaus unmöglich sich regelmässigen astronomischen Beobachtungen zu widmen, welche ein Leben für sich erfordern. Sonderbar ist es jedoch immerhin, dass unter den zahlreichen Professoren der Mathematik und Astronomie, welche, nach der Stiftung einer Sternwarte, während mehr als zwei Jahrhunderten einander an der Leidner Universität folgten, nur zweier Männer, nähmlich Lulofs und van Beeck Calkoen, Erwähnung geschehen kann, welche sich durch Anstellung einiger Gelegenheits-Beobachtungen bekannt gemacht haben. In früheren Zeiten hatte man nur bisweilen merkwürdige Himmelserscheinungen zu beobachten, um sich eine Stelle unter den Astronomen zu erwerben. Dies hätte auch hingereicht, um die vorhandene Pflege der Astronomie an der Leidner Universität Aussenstehenden zu beweisen und es ist durchaus unerklärlich, warum vor und nach den zwei genannten verdienstvollen Männern, auch die Beobachtungen, welche sich leicht anstellen liessen, doch ganz und gar unterlassen sind. Wir können uns indessen mit der Thatsache trösten, dass es an der Mehrzahl der später in Europa gestifteten Sternwarten, selbst wenn sie keine Lehranstalten waren, nicht viel besser ging.

In die Einleitung des ersten Bandes der Annalen einer Sternwarte wird gewöhnlich ihre Geschichte mit der Geschichte der Astronomie an dem Orte, wo sie gestiftet ist, aufgenommen. Als man sich endlich zu der Herausgabe von Annalen der Leidner Sternwarte entschlossen hatte, meinte ich aus mehreren Gründen von dieser Sitte nicht abweichen zu dürfen. Obschon die Leidner Universität sich wenig Verdienst um die Astronomie erworben hat, kann doch die Geschichte dieser Wissenschaft an einer so grossen und berühmten Universität, welche seit mehr als zwei Jahrhunderten eine Sternwarte hatte und wo ununterbrochen während dieses Zeitraumes Vorlesungen über Astronomie gehalten wurden, nicht gänzlich unwichtig oder nicht, in jeder Hinsicht, unlehrreich sein. Eine besondere Veranlassung, bei dieser Gelegenheit die Resultate meiner Untersuchungen über die Geschichte der Sternwarte in Leiden zu veröffentlichen, glaubte ich auch in der gänzlichen Unbekanntheit ihrer bisherigen Geschicke finden zu müssen. In zahlreichen Schriften, früherer und späterer Zeit, wird die Geschichte der übrigen wissenschaftlichen Anstalten der Leidner Universität, so der Bibliothek, des botanischen Gartens und des anatomischen Theaters, mit Ausführlichkeit dargelegt, aber über die Sternwarte findet man nichts als wenige unbestimmte Angaben mit der Erklärung, dass ihre Geschichte im Finstern liege. Lulofs erwähnt, in seinen astronomischen Abhandlungen, der Instrumente, welche ihm, um die Mitte des vorigen Jahrhunderts, zu Gebote standen, aber übrigens ist in den Schriften meiner Vorgänger nicht das mindeste über die Sternwarte in Leiden oder ihre Geschichte zu finden. Der Professor M. SIEGENBEEK, welcher, in den Jahren 1829 und 1832, eine Geschichte der Leidner Universität herausgab, theilt nur sehr weniges über deren Sternwarte mit, und dieses wenige ist noch grossentheils fehlerhaft. LALANDE, und nach ihm mehrere andere Astronomen, setzen die Stiftung einer Sternwarte in Leiden in das Jahr 1090 ¹), während es aus alten Abbildungen des Universitäts-Gebäudes deutlich hervorgeht, dass sich schon längst vor dem Jahre 1670 eine Sternwarte über dessen Dache erhob.

Ich habe die frühere Sternwarte in Leiden, welche mit dem Gebäude der dortigen Universität verbunden war, in dem Zustande gekannt, worin sie vor einem halben Jahrhundert war, als ihre damalige Einrichtung noch viele Erläuterungen über die frühere geben konnte. Jetzt ist diese Sternwarte gänzlich abgetragen und spurlos verschwunden und hatte es für mich seine Schwierigkeiten, mit deren Geschichte bekannt zu werden, diese Schwierigkeiten würden für meine Nachfolger noch weit grösser sein. Ich hatte daher Ursache zu fürchten, dass die Geschichte der Leidner Sternwarte, wenn sie von mir nicht erörtert würde, immer unbekannt geblieben wäre und man wird es vielleicht verzeihen, dass ich mir die Entstehung und die Schicksale eines Institutes angelegen sein liess, woran ich den grössten Theil meines Lebens zugebracht habe. Obschon ich keine grosse Folgen davon erwarten konnte, entschloss ich mich eine Untersuchung über die Geschichte der Leidner Sternwarte anzustellen und nicht zu ruhen, bevor ich alle Mittel, welche ich dazu ergreifen konnte, erschöpft haben würde. Als ich die Schriften meiner Vorgänger und die mir bekannten Beschreibungen und Geschichten der Stadt Leiden und deren Universität, so wie auch die Schriften, welche bei deren Jubilaeen herausgekommen sind, mit nur wenig Erfolg durchsucht hatte, hoffte ich noch einiges in den Acten des Curatoriums der Leidner Universität ²) finden zu können, obschon diese schon vom Professor SIEGENBEEK benützt waren. Im Jahre 1606 hatte das Curatorium eine besondere Veranlassung, einen Theil seiner, seit dem Jahre 1685 gefassten, Resolutionen mit den dazu gehörigen Rechnungen zu veröffentlichen. In den zwei Folio-Bänden, welche diese Veröffentlichungen enthalten, fand ich einiges, welches sich auf der Sternwarte bezieht, aber der Zeitraum, welchen sie umfassen, war zu sehr beschränkt. Auf meine Bitte hat das hochverehrte Curatorium der Leidner Universität mir gütigst die Durchsuchung seiner Archive erlaubt, welche aus mehreren hundert Folianten und Packeten bestehen und wovon nichts als das obengenannte veröffentlicht ist. Wenn sich auch mehrere Actenstücke nicht auffinden liessen, deren Kenntnissnahme ich wünschen musste, liess sich doch aus den zahlreichen von mir durchsuchten Handschriften eine ziemlich vollständige Geschichte der in Rede stehenden Sternwarte ableiten. Ich fand die Beweise einer anhaltenden und bisweilen sehr ernsthaften Beschäftigung mit der Astronomie, aber bald allein von Seiten des Curatoriums, bald allein von Seiten der Professoren und in dem Mangel eines Zusammenwirkens beider Theile zeigte sich die Hauptursache des Misslingens der mancherlei Bestrebungen. Unter den sehr zahlreichen Ereignissen, welche zu meiner Kenntniss kamen, giebt es keine, welche sich durch eine grosse Wichtigkeit auszeichnen und

¹) LALANDE hat diese wahrscheinlich WEIDLER's Werke: *de praesenti speculorum astronomicarum statu*, 1727, entnommen. Zu meinen Bedauern habe ich mir dieses Werk nicht verschaffen können.
²) Die Verwaltung der Leidner Universität bestand, gleich nach ihrer Stiftung, aus einem Collegium von Herren Curatoren, wozu die Burgemeister der Stadt Leiden gehörten, während die übrigen niemals zahlreichen Mitglieder von den Staaten Hollands gewählt wurden. Dieses Collegium, welches ich der Kürze wegen das Curatorium genannt habe, hatte bis zum Anfange des jetzigen Jahrhunderts eine ganz unbeschränkte Macht. Es hatte das volle Recht nicht nur über die Geldmittel der Universität zu verfügen, sondern auch Professoren anzustellen und zu entlassen. Unter der französischen Herrschaft gab es kein Curatorium. Nach der gesetzmässigen Einrichtung des höhern Unterrichtes im Königreich der Niederlande vom Jahre 1815 behielt das Curatorium das Recht des Vorschlags, doch konnten die Professoren allein vom König angestellt und entlassen werden. Die Unterhaltung der Universität wurde eine Pflicht des Staates, doch im Jahre 1830 wurde eine besondere Universitäts-Casse eingerichtet, deren Verwaltung das Curatorium erhielt.

sie hängen dergestalt zusammen, dass es unmöglich war, einige daraus zur Veröffentlichung zu wählen. Ich musste also die frühere Geschichte der Leidner Sternwarte entweder gänzlich mit Stillschweigen übergehen, oder ihr einen beträchtlichen Raum widmen, doch hoffe ich dass sie sich hinreichend wissenswürdig zeigen wird um meinen Entschluss, die Erörterung derselben zu unternehmen, zu rechtfertigen.

Im Anfange des siebzehnten Jahrhunderts war die Leidner Universität im Besitze eines der grössten Mathematikers und Astronomen aller Zeiten, des Willebrord Snellius, der, wie öfters mit Recht behauptet worden ist, zu gross war um von seinen Zeitgenossen richtig gewürdigt werden zu können. In seiner Jugend durchreiste er Europa und machte die persönliche Bekanntschaft der grössten Astronomen seiner Zeit, wie Tycho Brahe's, Keppler's und Moestlin's, deren Freundschaft er sich erwarb und welche er vielleicht überschattet haben würde, hätte ihn nicht der Tod, nach längern körperlichen Leiden, der Wissenschaft entrissen. Willebrord Snellius, der schon früher, während der Krankheit seines Vaters Rudolph, berufen war um dessen Stelle zu versehen, wurde im Jahre 1613, in einem Alter von kaum 22 Jahren, als Professor der Mathematik an der Leidner Universität angestellt und hatte er sich schon im Jahre 1608, durch sein Werk *Appollonius Batavus*, als einen vortrefflichen Mathematiker bekannt gemacht, seine spätere Schriften erhielten den guten Klang seines Namens. In der Astronomie erwarb er sich einen unverwelklichen Ruhm, nicht nur durch die schätzbaren Bemerkungen, welche er seiner Herausgabe der Beobachtungen des Landgrafen von Hessen und derjenigen von Regiomontan und Walther hinzufügte, oder durch seine Beobachtung des Cometen vom Jahre 1618, sondern hauptsächlich durch seine Entdeckung des Gesetzes der Strahlenbrechung und durch seine Erfindung und Ausführung der einzigen Methode, wonach sich die Grösse unserer Erde messen lässt. Snellius hat in seinen Abhandlungen der Instrumente erwähnt, deren er sich bei seinen Untersuchungen bediente. Zu seiner Basis-messung hatte er eiserne getheilte Massstäbe und zur Winkelmessung bei der Triangulation, wodurch er seine Basis auf die Entfernung zwischen den Thürmen von Leiden und dem Dorfe Soeterwoude übertrug, hatte er einen messingenen Quadranten, von zwei Fuss Radius. Bei seinen späteren Triangulationen bediente er sich eines messingenen Halbkreises von 3½ Fuss Durchmesser und seine Polhöhe-Bestimmungen sind mit einem eisernen mit Messing überzogenen Quadranten von 5½ Fuss Radius ausgeführt. Man hat die von Snellius bei seiner Gradmessung erreichte Genauigkeit getadelt, aber dabei aus dem Auge verloren, dass er anfangs nur die Erläuterung seiner Methode durch ein Beispiel beabsichtigte und die von Musschenbroek veröffentlichten Verbesserungen übersehen, welche er selbst an seinen Untersuchungen angebracht hat. Es ist bekannt, dass Gradmessungen zu den kostspieligsten wissenschaftlichen Unternehmungen gehören und dass die Staaten, wo sie jetzt ausgeführt werden, dazu sehr grosse Geldsummen auszusetzen haben. Das Verdienst von Snellius wird also gewiss nicht wenig dadurch erhöht, dass er die Kosten seiner Unternehmung selbst getragen hat. Als er seine Triangulation nur zum Theil ausgeführt hatte, und geneigt schien dieselbe aufzugeben, erboten sich die Barone Erasmus und Casparus Sterrenberg mit ihrem Erzieher Philemon zu deren Vollendung und haben diese, im Sommer des Jahres 1615, mit Snellius, zur Ausführung gebracht. Diese Herren werden die Kosten ihrer Reisen selbst getragen haben, aber Snellius hatte für seine eigenen Reisen und für seine Instrumente beträchtliche Ausgaben zu machen und es hat sich mir gezeigt, dass er dafür, entweder vom Staate oder von der Universität, selbst nicht die mindeste Vergütung erhalten hat, während sein Jahrgehalt als Professor nur 400 Gulden betrug. Zu Snellius Zeiten hatte die Leidner Universität noch keine Sternwarte und kein einziges astronomisches Instrument und die Instrumente, deren er sich bei seiner Gradmessung bediente, waren sein Eigenthum. Als Snellius, bei der Erscheinung des Cometen des Jahres 1618, die Bestimmung der Parallaxe dieses Gestirns beabsichtigte und seine eigenen Instrumente ihm dazu ungenügend vorkamen, erbat und erwarb er sich einen Byrgianischen Sextanten, aus der Instrumenten-Sammlung des Prinzen Moritz, womit er auch seinen Zweck erreichte. Meine Bestrebungen, das Schicksal der Instrumente des Prinzen MORITZ, welcher zu den vorzüglichsten Mathematikern seiner Zeit gehörte, und der Instrumente, deren sich SNELLIUS bei seiner Gradmessung bediente, zu erforschen, sind zu meinem Bedauern erfolglos geblieben.

Die Arbeiten von WILLEBRORD SNELLIUS haben, sehr kurz nach seinem Tode, zu der Stiftung einer Sternwarte an der Leidner Universität Veranlassung gegeben. Vom Jahre 1625 bis zum Jahre 1667, also während eines Zeitraumes von 42 Jahre, hatte die Leidner Universität das Glück den ausgezeichneten JACOBUS GOLICS zu besitzen, der sich als Professor der orientalischen Sprachen sehr grossen Ruhm erworben hat. Wie sonderbar es scheinen mag, diesem GOLICS wurde, während er seine frühere Stelle behielt, im Jahre 1629 gleich nach SNELLIUS Tode auch noch die Professur der reinen Mathematik übertragen und damit war er zugleich als der Astronom der Leidner Universität bezeichnet. Obschon keine von GOLICS angestellten astronomischen Beobachtungen veröffentlicht sind, geht es aus den Archiven des Curatoriums hervor, dass er während seiner langen Laufbahn stets mit Ernst und Liebe für die Astronomie thätig war. Aus dem Nachlass von WILLEBRORD SNELLIUS verschaffte er sich, für eine Summe von 125 Gulden, einen grossen Quadranten, und als diess im Jahre 1632 zur Kenntniss des Curatoriums kam, forderte es GOLICS auf dieses Instrument der Universität zu übergeben, indem es für die Einrichtung eines Locales zu dessen gehörigen Benützung zu sorgen versprach. Wirklich wurde noch im Jahre 1632 eine Sternwarte gestiftet, ein viereckiger hölzerner Thurm, der sich über das Dach des Universitäts-Gebäudes erhob und mit einer, von einem Geländer umgebenen, Plateforme von 19 Fuss Länge und 15 Fuss Breite gedeckt war. Unter dieser Plateforme befand sich ein Zimmer, welches zwei der Bibliothek zugehörigen Globen, sowie mit einigen anderen Hülfsmitteln zum Unterricht ausgestattet wurde. Es war anfangs die Absicht, den grossen Quadranten unter freiem Himmel auf der Plateforme aufzustellen, aber schon im Jahre 1633 entschloss man sich dieses Instrument mit einem eignen Häuschen zu überdecken. Der Quadrant wurde, obschon er einen Radius von 7 Fuss besass, als Azimuthal-Quadrant eingerichtet und das Häuschen erhielt ein drehbares Dach. Es wurde ein Diener angestellt, um dem Professor der Astronomie bei seinen Vorlesungen und Beobachtungen Hülfe zu leisten und das Ganze war noch vor dem Jahre 1634 vollendet. Die Sternwarte in Leiden war allerdings nicht sehr bedeutend, aber es ist doch eine merkwürdige Thatsache, dass sie, nach den grossartigen und fürstlichen Stiftungen TYCHO's und des Landgrafen von Hessen, welche noch zum sechzehnten Jahrhundert gehören, die allererste war welche in Europa auftrat, und den übrigen Sternwarten von Universitäten in Europa sehr lange voranging.

Das erste Instrument der Leidner Sternwarte, welches noch aufbewahrt wird und von SNELLIUS herrührt, ist zu meinem Bedauern nicht der Quadrant, womit er die Polhöhen für seine Gradmessung bestimmte; denn, obschon es einen messingenen Rand hat, ist es nicht aus Eisen sondern aus Holz gearbeitet und es hat einen Radius nicht von $5\frac{1}{2}$, sondern von 7 Fuss. VOSSIUS, der ein Zeitgenosse und Freund von SNELLIUS war, nennt in seinem Werke *de scientiis mathematicis*, den berühmten BLAEU als den Verfertiger dieses Quadranten. Im Jahre 1658 wurde das Fussgestell dieses Instrumentes vom Mechaniker SNEVINTS, verbessert, nachdem die Sternwarte selbst schon beträchtlichen Reparaturen und das Häuschen auf der Plateforme bedeutenden Abänderungen unterworfen worden war. Noch in GOLICS Zeiten ist für das Gebäude der Sternwarte die damals nicht geringe Summe von ungefähr 4000 Gulden ausgegeben. Ausser dem Quadranten hatte die Sternwarte nur ein Paar Fernröhre und andere unbedeutendere Hülfsmittel. In Leiden ist also schon sehr früh ein Beispiel der Neigung gegeben, mehr für den Körper, als für die Seele einer Sternwarte zu sorgen, welche Neigung auch nachher der Astronomie so sehr geschadet hat.

Unter den von HUYGENS hinterlassenen Handschriften, welche an der Leidner Universität aufbewahrt werden, habe ich ein Schreiben von BOULLIAU, datirt vom 4 Juli 1659, gefunden, worin dieser HUYGENS mittheilt, dass er aus, in Leiden angestellten, Beobachtungen, welche ihm im Jahre 1652 zugekommen waren, den Längen-Unterschied zwischen diesem Orte und Paris abgeleitet und auf 8¼ Minuten festgesetzt habe. Seit dem Jahre 1646 war der jüngere FRANZ VAN SCHOOTEN Professor der angewandten Mathematik in Leiden, doch wurde er nicht als Astronom betrachtet und ich habe keine Spur seiner Beschäftigung mit der Sternwarte auffinden können. Die von BOULLIAU erwähnten Beobachtungen, welche derselbe übrigens nicht beschreibt, können also allein von GOLIUS, dem Professor auch der orientalischen Sprachen, herrühren. Da es in früheren Zeiten keine Zeitschriften gab, ist es nicht unwahrscheinlich, dass in Leiden mehrere, nicht veröffentlichte, Gelegenheits-Beobachtungen angestellt sind, welche in dem Briefwechsel mit auswärtigen Gelehrten sich zerstreut finden. BOULLIAU hat öfters HUYGENS gebeten, den Leidner Astronomen zur Anstellung von Beobachtungen aufzufordern und sich sehr darüber beklagt, dass diese Aufforderung erfolglos blieb.

Die Archive des Curatoriums enthalten ausführliche Entwürfe der, in den Jahren 1632 und 1633, in Leiden gestifteten Sternwarte, doch eine Abbildung derselben ist dort nicht zu finden. Im Jahre 1670 wurde aber eine, von J. DE JONGE gezeichnete und von C. HAGEN gestochene, sehr grosse Karte von Leiden, welche eine Länge von 1,21 Meter und eine Breite von 0,95 Meter hat, herausgegeben, wozu eine grosse Zahl Abbildungen von Gebäuden der Stadt gehört. Unter diesen Abbildungen finden sich einige des Universitäts-Gebäudes, welche genau mit einander übereinstimmen und auch mit einer Abbildung desselben Gebäudes, welche in der, von SIMON VAN LEEWEN, im Jahre 1672 herausgegebenen, Beschreibung der Stadt Leiden vorkommt. Die sechs ersten Figuren von Tafel I geben Darstellungen der Leidner Sternwarte, wie dieselbe sich in den durch Jahreszahlen angedeuteten Zeiträume befand, nach Abbildungen, deren Verfertigungsjahre durch in Klammern eingeschlossene Zahlen angedeutet sind. Der Umriss Figur 1 auf Tafel I giebt, im verkleinerten Maasstabe, eine Copie der bei VAN LEEWEN vorkommenden Abbildung des Universitäts-Gebäudes. Die Ansicht des Gebäudes ist zwar von der Stadt-Seite aufgenommen, während die Sternwarte an der anderen Seite aufgebaut war, aber die letztgenannte lässt sich doch erkennen an dem niedrigen Thurm, welcher sich über das Dach erhebt und an dem Geländer, welches die Plateforme des Thurms umgiebt. Der grössere Thurm, welcher lediglich für die öffentliche Uhr und zwei in ihm befindliche grosse Glocken eingerichtet ist, hat niemals zur Sternwarte gehört und ist erst nach dem Jahre 1636 errichtet. In der grossen Karte von HAGEN sind alle Wohnhäuser der Stadt verzeichnet und die grösseren Gebäude in Vogelperspective dargestellt. Der Umriss Fig. 2 Tafel I ist eine Copie der daselbst gegebenen Darstellung des Universitäts-Gebäudes, woraus sich etwas deutlicher als aus Figur 1 ergiebt, wie die damalige Sternwarte eingerichtet war. Es hat sich herausgestellt, dass die Sternwarte, mit Ausnahme der gewöhnlichen Reparaturen, bis zum Jahre 1689, keine Aenderung erlitten hat und beide Figuren geben also eine Darstellung der Sternwarte, wie sie gleich nach ihrer Stiftung war.

Kurze Zeit nach GOLIUS Tode im Jahre 1667 hat ein gewisser SAMUEL CARL KECHEL, dessen Namen in SIEGENBEEK's Geschichte der Leidner Universität nicht einmal vorkommt, der aber an dieser Universität angestellt war, gebeten an GOLIUS Stelle, zum Professor der Mathematik ernannt zu werden. Diese Anstellung wurde vom Curatorium verweigert, aber KECHEL erhielt, mit einem Jahrgehalt von 400 Gulden, die Erlaubniss die Sternwarte zu benützen und dort Vorlesungen über Astronomie zu halten. Von diesem KECHEL habe ich weiter nichts auffinden können, als dass er einmal zwei neuen Globen und zwei kleinen Sphaerae armillares erbeten und erhalten hat. An GOLIUS Stelle wurde im Jahre 1668 CHRISTIAN MELDER, der Doctor der Medicin in Dordrecht war, zum Professor der Mathematik ernannt und derselbe hat auch zugleich als Director der Sternwarte aufgetreten. MELDER hat im Jahre 1669 den grossen Quadranten mit einem Fernrohr versehen und nachher zwei neue Globen nebst einigen anderen Instrumenten für die Sternwarte erworben; übrigens aber habe ich keine Spuren seiner Thätigkeit für die Astronomie entdecken können.

Noch vor dem Ende des siebzehnten Jahrhunderts wurde der Sternwarte in Leiden eine beträchtliche Vergrösserung durch Burchard de Volder zu Theil, welcher im Jahre 1670 als Professor der theoretischen Philosophie an der Leidner Universität angestellt wurde und sich, besonders durch die, gemeinschaftlich mit dem Franeker Professor Fullenius besorgte Herausgabe von Huygens hinterlassenen Schriften, bekannt gemacht hat. De Volder erhielt im Jahre 1675 auf seine Bitte die Erlaubniss, Vorlesungen über Physik zu halten und das Curatorium verschaffte ihm die dazu erforderlichen Instrumente, wodurch der Anfang zu der Stiftung eines physicalischen Museums an der Leidner Universität gemacht wurde. Nach Melder's Tode, im Jahre 1682, wurde de Volder als Professor der Mathematik angestellt und damit auch zum Director der Sternwarte ernannt. Hatte man früher eine Vereinigung von Mathematik und Astronomie mit den orientalischen Sprachen versucht, jetzt schien man eine solche von Mathematik und Astronomie mit der theoretischen Philosophie versuchen zu wollen, und die spätere Wiederholung dieses Versuches war für die Astronomie an der Leidner Universität sehr nachtheilig. De Volder hat sich neben seinen übrigen Arbeiten sehr fleissig mit der Astronomie beschäftigt, und kurz nach seinem Auftreten als Astronom erhielt der Quadrant, seinem Wunsche gemäss, beträchtliche Reparaturen und wurde ein Apparat hergestellt zur Benützung eines grossen Fernrohres, welches die Sternwarte schon damals besass. Im Jahre 1685 bat de Volder das Curatorium um Anschaffung eines Tychonischen Sextanten, welche Bitte sonderbar scheinen kann, da die Tychonische Periode der praktischen Astronomie damals schon vorübergegangen und von der, von Flamsteed eroeffneten, neuen Periode verdrängt war. De Volder's Wunsche wurde gewillfahrt und kurz nachher das Instrument vom Mechaniker Metz in Amsterdam, für die Summe von 1050 Gulden, geliefert. Dies Instrument, wovon noch ein Theil an der Sternwarte in Leiden aufbewahrt wird, ist ein sehr gut gearbeiteter messingener Sextant mit einem Radius van 4 Fuss und besonders merkwürdig wegen der Theilung seines Randes mittelst Transversalen, welche eine Ablesung bis auf Bruchtheile einer Minute gestattet. Damit er sich gehörig benützen liesse, verordnete das Curatorium den Bau eines neuen Thurms und bei dieser Gelegenheit wurde die Plateforme der Sternwarte beträchtlich vergrössert. Dieser Umbau der Leidner Sternwarte, welcher im Jahre 1689 vollendet war, scheint im Auslande bekannt geworden zu sein und zu der Meinung Veranlassung gegeben zu haben, dass die Leidner Universität, erst um das Jahr 1690, ein Sternwarte erhalten habe.

Es hat sich aus meiner Untersuchungen ergeben, dass das Gebäude der Leidner Sternwarte, in dem grossen Zeitraum zwischen den Jahren 1689 und 1817, ausser den erforderlichen Reparaturen, keine Aenderung erlitten hat und daher scheint mir die Einrichtung desselben während dieses Zeitraumes einige Aufmerksamkeit zu verdienen. Da die Archive des Curatoriums mir darüber die erwünschte Auskunft nicht ertheilen konnten, habe ich dieselbe in Beschreibungen der Stadt Leiden gesucht und finden mögen. Der Buchhändler Pieter van der Aa, welcher die in den Jahren 1614 und 1672 von Orlers und van Leewen verfassten Beschreibungen von Leiden angekauft hatte, gab im Jahre 1712, zum Gebrauche der Ausländer, welche die Leidner Universität besuchten, einen Auszug aus diesen Schriften in Französischer Sprache heraus, unter dem Titel: *Les délices de Leide*. Kurz zuvor war der botanische Garten vergrössert und diess gab van der Aa Veranlassung den früheren Abbildungen dieses Gartens, welcher an das Universitäts-Gebäude stösst, eine neue hinzuzufügen, und zufällig wählte er seinen Standpunkt so, dass in seinem Stich auch eine Abbildung des Universitäts-Gebäudes, von der Seite der Sternwarte, mit aufgenommen wurde. Der Umriss Figur 3 Tafel I ist eine Copie dieser Abbildung des Universitäts-Gebäudes mit der Sternwarte, wie dieselbe in dem von van der Aa gegebenen grösseren Stich, welcher den botanischen Garten darstellt, vorkommt. Der Thurm ist zwar in dieser Abbildung zu breit gezeichnet, da aber die übrigen bis jetzt ungeänderten Theile des Gebäudes getreu dargestellt sind, lässt sich dies auch von der schon längst verschwundenen Sternwarte vorauszusetzen. Aus der Figur ergiebt es sich, dass das Gebäude der Universität von zwei, einander berührenden, Dächern gedeckt wurde, welche verschiedene Höhen und Breiten haben. Die Fenster, welche sich unter dem niedrigen Dache zeigen, gehören zu einem, unmittelbar darunter liegenden, sehr hohen Saale, welcher eine Länge von 31,5 Meter bei einer Breite von nur 3,8 Meter hat. Ohne Zweifel hatte dieser lange und schmale Saal einen bestimmten Zweck, so lange das Gebäude, welches im Jahre 1581 von der Universität bezogen wurde, noch ein Kloster war. Dieser Saal, welcher übrigens für die Universität keinen Werth hatte, gehörte schon sehr früh zu der Sternwarte und war ein geeignetes Local zur Aufbewahrung von Instrumenten. Zur Anstellung von Beobachtungen dagegen war er unbrauchbar, indem eine seiner Mauern die ganze östliche Hälfte des Himmels verdeckte. Der niedrige Thurm, welcher sich vor der Mitte des Gebäudes zeigt, und an dessen Fuss früher der Haupteingang des Gebäudes war, umschliesst eine breite Wendeltreppe, auf welcher man auch zu dem obengenannten langen Saale gelangt. Ueber dem Dache des langen Saales erheben sich zwei Thürme, deren einer zur Aufnahme des Quadranten, der andere zur Aufnahme des Sextanten eingerichtet war. Auf der Dachrinne des langen Saales ruhten hölzerne Pfähle, welche eine ausgebreitete, von einem Geländer umgebene Plateforme trugen. Auf dieser Plateforme findet sich ein Pfahl zum Anhängen eines Fernrohrs.

Die Richtigkeit der, bei van der Aa sich findenden Abbildung der ehemaligen Sternwarte, wird durch eine etwas spätere Abbildung derselben bestätigt. Als im Jahre 1725 das Jubilaeum der Universität gefeiert wurde, gab ein Joannes Schröder ein Gedicht heraus, mit einem gestochenen Titelblatte, worauf, unter mehreren allegorischen Darstellungen, zwei kleine Abbildungen des Universitäts-Gebäudes zu sehen sind. Eine dieser Abbildungen giebt eine Ansicht des Universitäts-Gebäudes mit der Sternwarte vom botanischen Garten aus gesehen und obschon diese ersichtlich keine Copie der von van der Aa gegebenen Abbildung ist, kommt sie damit sehr genau überein. Die zweite dieser kleinen Abbildungen, wovon der Umriss Figur 4 Tafel I eine Copie ist, stellt das Universitäts-Gebäude von der anderen Seite dar und zeigt, dass, von dieser Seite gesehen, beide Thürme der Sternwarte über das Dach empor traten. Ich habe diese kleine Besonderheit mit benützt, um über eine angebliche nachherige grosse Umgestaltung der Sternwarte zu entscheiden.

Ueber die Einzelnheiten der damaligen Leidner Sternwarte findet man Erläuterungen an einem Orte, wo man diese am mindesten suchen würde, nämlich in dem Werke: *Herrn Zacharias Conrad von Uffenbach's merkwürdige Reisen durch Niedersachsen, Holland und Engelland*, Ulm, 1754 [1]). Von Uffenbach hat sich im Jahre 1711, während einiger Wochen, in Leiden aufgehalten und hielt die Sternwarte für eine der grössten Merkwürdigkeiten dieser Stadt. Er hat sie und ihre Instrumente ausführlich beschrieben und eine Abbildung von einem der zwei kleinen Thürme, welche einander vollkommen ähnlich waren, gegeben. Es ist sonderbar, dass, während in allen holländischen Abbildungen der obere Theil eines jeden der beide Thürme als achteckig erscheint, von Uffenbach denselben als einen Cylinder darstellt, welcher einen stumpfen Kegel als Drehdach trägt. Der Mechanismus zur Bewegung des Drehdaches, welchen von Uffenbach in all seinen Einzelnheiten darlegt, bietet nichts besonders bemerkenswerthes. Das Drehdach hatte, anstatt einer Spalte, nur eine Lüke, welche den Anblick des Zeniths nicht gestattete.

[1]) Ich verdanke meine Bekanntschaft mit diesem Werke dem Herrn C. A. Ekris, Custos der Leidner Universitäts-Bibliothek.

**B. GESCHICHTE WÄHREND DES ACHTZEHNTEN JAHRHUNDERTS.**

Obschon DE VOLDER, so weit mir bekannt ist, keine astronomischen Beobachtungen hinterlassen hat, hatte man von seiner Thätigkeit für die Astronomie und seinen Vorlesungen über diese Wissenschaft, wie sich aus den Archiven des Curatoriums zeigt, in Leiden die beste Meinung. Im Jahre 1705 bat er um seine Entlassung und er erhielt dieselbe vom Curatorium, mit einer Pension und unter grossen Ehrenbezeigungen. Kurz nachher übergab er dem Curatorium ein Verzeichniss der sich an der Sternwarte vorfindenden Instrumente und darin wird eines zweiten Quadranten erwähnt, über dessen Ursprung ich keine Nachrichten in den Archiven des Curatoriums habe finden können. Dieser Quadrant, welcher noch in Leiden aufbewahrt wird obwohl ihm die vertikale Achse fehlt, hat einen Radius von 3 Fuss. Er ist vom Mechaniker METS in Amsterdam aus Messing sehr gut gearbeitet und merkwürdig wegen seiner Schrauben-Vorrichtung nach HOOKE, zur Ausmessung von Theilen der rollen Grade, worin der Rand unmittelbar getheilt ist. 's GRAVEZANDE, der später diesem Quadranten eine azimuthale Aufstellung hat geben lassen, sagt, dass er zu DE VOLDER's Zeiten von METS in Amsterdam angefertigt ist, aber während mehrerer Jahre, unvollendet, in dessen Werkstatt liegen blieb. Im Verzeichniss von DE VOLDER kommen mehrere Instrumente vor, welche ich niemals an der Leidner Sternwarte gekannt habe, und dazu gehören ein Fernrohr von 50 Fuss, ein Fernrohr van 18 Fuss und eine Uhr. Eine andere Uhr, welche von THURET in Paris, unter HUYGENS Augen, angefertigt war, und ein von HUYGENS selbst angefertigtes Fernrohr von 12 Fuss, welche in DE VOLDERS Verzeichniss vorkommen, sind im Jahre 1837 vom Professor UYLENBROEK zum physicalischen Cabinette übergebracht und wahrscheinlich waren die übrigen fehlenden Instrumente schon früher dorthin geführt.

Kurz nach DE VOLDER's Abgang erbat und erwarb sich LOTHARIUS ZUMBACH DE COESFELD die Erlaubniss, ohne Gehalt oder Charactere, die Leidner Sternwarte zu benützen. Dieser ZUMBACH war früher Mathematiker und Musiker des Trierschen Kurfürsten und hatte sich seiner freisinnigen Denkweise wegen im Jahre 1688 in Leiden niedergelassen. Im Jahre 1690 gab er, mit dem Leidner Professor der Botanik PAULUS HERMAN, dessen *Flora Lugduno-Batava* heraus und im Jahre 1693 erwarb er sich in Leiden die Würde eines Doctors der Medicin. Nachher beschäftigte er sich mit Astronomie und im Jahre 1700 gab er die Beschreibung eines von ihm erfundenen Instrumentes heraus, welches er *Planetolabium* nannte. Er widmete diese Beschreibung dem Curatorium der Leidner Universität und wurde dafür mit einer beträchtlichen Geldsumme belohnt. Ueber Arbeiten, die er an der Leidner Sternwarte ausgeführt hatte, habe ich nichts anderes gefunden, als dass er contrôle ziemlich kostspielige Reparaturen am Tychonischen Sextanten ausführen, und einen neuer und hoher Pfahl, zur Anhängung eines Fernrohres, auf der Plateforme der Sternwarte aufstellen liess. LOTHARIUS ZUMBACH DE COESFELD verliess Leiden schon im Jahre 1708, um einem Ruf als Professor der Mathematik am Carolinum in Cassel zu folgen und bis zu seinem 1728 erfolgten Tode blieb er Beobachter an der, vom Hessischen Landgrafen CARL I, im Jahre 1714, in der Nähe von Cassel, gegründeten Sternwarte. Sein Sohn CONRADUS hat sich in Leiden niedergelassen, und war dort, während vieler Jahre, ein sehr geschätzter Arzt, doch beschäftigte er sich nicht mit Astronomie. Nach LOTHARIUS Abgang blieb die Leidner Sternwarte während mehrerer Jahre gänzlich ohne Vorstand und wurden deren Instrumente vom Mechaniker VAN MUSSCHENBROEK, (den Bruder des Professors) nach seinen Ansichten unterhalten.

In dem Zeitraum, während welches die Leidner Universität durchaus keinen Astronomen hatte, erhielt sie ein kostspieliges Geschenk, welches, dem damaligen Zeitgeist gemäss, eine grosse Aufregung hervorrief, welches jedoch der dortigen Astronomie sehr geschadet hat, indem es ganz nutzlos grosse

Geldsummen verschlang, die man zur Förderung dieser Wissenschaft hätte verwenden können. Im Jahre 1710 vermachte nämlich der Admiral WILDELM SCHEPERS, der auch Burgemeister von Rotterdam war, der Leidner Universität ein grosses und wirklich sehr künstlich verfertigtes Planetarium. Die Kügelchen, welche, bei diesem Planetarium, die Planeten vorstellen, wurden, durch eine Uhr, in elliptischen Bahnen mit gehörigen Neigungen, bewegt und die Bewegung der Erde um ihre, sich parallel bleibende, Achse, so wie die Bewegung des Mondes und der Jupiter-trabanten, wurden durch dieselbe Uhr nachgeahmt. Das Ganze ruhte auf einem schweren hölzernen Fussgestell und war von messingenen Ringen, welche einen Durchmesser von 5 Fuss hatten, umgeben. Das Curatorium nahm dies Geschenk mit Dank an und entschloss sich, es in der Bibliothek aufstellen zu lassen, doch bedurfte es einer Reparatur, welche, da sein Anfertiger, STEVEN TRACY, verstorben war, dem Uhrmacher VAN DER CLOESE im Haag aufgetragen wurde. Bei seiner Aufstellung in der Bibliothek im Jahre 1712 hatte dies Planetarium schon 1300 Gulden an Reparatur gekostet, und, da es wiederholt in Unordnung war, erforderte es fortwährend beträchtliche Ausgaben, welche im Jahre 1740 schon auf mehr als 2000 Gulden gestiegen waren. Das Curatorium liess einen grossen Stich dieses Instrumentes anfertigen und scheute keine beträchtliche Ausgaben für dessen Unterhaltung, doch es ist klar, dass es der Astronomie nicht die mindesten Dienste geleistet hat. Im Jahre 1823 hat man dies Instrument von der Bibliothek auf die Sternwarte gebracht, wo ich es im Jahre 1826 äusserst vernachlässigt antraf. Man hat es nachher keiner Reparaturkosten mehr für werth gehalten und erst kürzlich konnte ich es reinigen und auf die neue Sternwarte bringen lassen.

Das Curatorium der Leidner Universität, welches die Astronomie stets mit grossem Wohlwollen unterstützt hatte, zeigte sich, besonders nach DE VOLDER's Abgang, über das Resultat seiner Erstrebungen sehr unzufrieden. In seiner Sitzung vom 1 Febr. 1717 entschloss es sich, auf den Antrag des Curators VAN STERRENBERG, dem Aufleben der Astronomie an der Leidner Universität ein grosses Opfer zu bringen, und einen, für die Ausübung der Astronomie geschickten, Mann aufzusuchen, welchen es bald meinte gefunden zu haben in WILHELM JACOB 's GRAVESANDE, einem Advocaten im Haag, der sich durch mehrere Schriften über Mathematik und Physik rühmlichst bekannt gemacht hatte. 's GRAVESANDE wurde, um die Mitte des Jahres 1717, als Professor der Astronomie und Mathematik angestellt. Er war der erste, welcher an der Leidner Universität, den Titel eines *Astronomiae Professor* führte und diese Professur war ihm angeboten unter der ausdrücklichen Bedingung, dass er seine ganze Kraft dem Aufleben der Astronomie in Leiden widmen sollte. 's GRAVESANDE scheint aber diese Bedingung bald aus dem Auge verloren zu haben, denn, während er sich einen grossen Ruhm als Physiker erwarb, hatte die Astronomie ihm kaum etwas zu verdanken.

Obschon 's GRAVESANDE sich öfters über das Gebäude der Sternwarte zu beklagen hatte, deren morsch gewordene Pfähle ihr, seiner Behauptung nach, hisweilen mit dem Einsturz drohten, geht doch aus Allem hervor, dass das Curatorium es ihm niemals an Hülfsmitteln fehlen liess. Das Gebäude der Sternwarte erhielt stets die von ihm gewünschten Reparaturen und kurz nach seinem Auftreten liess er kostspielige Reparaturen mit den Instrumenten und selbst noch mit dem Tychonischen Sextanteau vornehmen. Seinem Wunsche gemäss, erhielt der kleinere Quadrant eine azimuthale Aufstellung und, unter mehreren kleineren Gegenständen, erwarb er ein grosses Objectiv von HARTSOEKER. Im Jahre 1734 erhielt er ein Newtonianisches, mit einen Faden-Mikrometer versehenes Spiegel-Teleskop von HEARNE in London, von sieben Fuss Länge. Dies Instrument, welches nach LULOFS Behauptung unter BRADLEY's Aufsicht angefertigt ist, hatte ein ziemlich roh aus Holz gearbeitetes Rohr und Fussgestell und kostete doch die Summe von 862 Gulden. Im Jahre 1740 erhielt 's GRAVESANDE noch ein Mittagsrohr van SISSON in London, welches eine Brennweite von 2¼ Fuss und eine Oeffnung von 12 Linien hatte und, obschon es äusserst einfach war, 470 Gulden kostete.

Dies Mittagsrohr wurde am Südende des früher erwähnten langen Saales, auf der alten Mauer des Gebäudes, aufgestellt und es liess sich damit nur die Südseite des Meridians bis auf eine Höhe von etwa 70 Graden übersehen.

Es lässt sich aus mehreren Ursachen entschuldigen, dass 's Gravesande, des Zweckes seines Rufes ungeachtet, sich so wenig mit der Astronomie beschäftigt hat. Anfangs war sein Gehalt zu klein und dies scheint ihm bald Veranlassung gegeben zu haben, die Astronomie als eine Nebensache zu betrachten. So hatte er, schon längst vor dem Jahre 1727, mit Beistimmung des Curatoriums, den Unterricht in der Physik und das Directorium des physicalischen Museums auf sich genommen. Im Jahre 1730 wurde ihm dabei, mit einer beträchtlichen Erhöhung seines Gehaltes, der Unterricht in der civilen und militärischen Architectur und im Jahre 1734 noch überdiess der Unterricht in der theoretischen Philosophie übertragen. Bald wurde es aber vom Curatorium erkannt, dass man 's Gravesande mit zu vielen Arbeiten überladen hatte und wurde deshalb der Lector la Bordus angestellt, um ihm den Unterricht in der angewandten Mathematik abzunehmen. Damit ihm seine Arbeit noch mehr erleichtert würde, wurde im Jahre 1740 Petrus van Musschenbroek, der Professor in Utrecht war, als Professor der Philosophie und der Mathematik an der Leidner Universität angestellt. 's Gravesande konnte sich aber dennoch keineswegen ungehindert der Astronomie widmen und hat er sich mit dieser Wissenschaft nur wenig beschäftigt, wir müssen dankbar dafür sein, dass er in der Physik so Grosses geleistet hat. Er starb im Jahre 1742, aber noch heut zu Tage lebt sein Andenken an der Leidner Universität, durch die von ihm erfundenen und angefertigten, für diese Universität nach seinem Tode angekauften, physicalischen Instrumente.

Nach 's Gravesande's Tode behielt van Musschenbroek die Professur der Physik, und es wurde, noch im Jahre 1742, Johann Lulofs zum Professor der Mathematik und Astronomie an der Leidner Universität ernannt. Es ist öfters behauptet worden, dass in dem Zeitraum zwischen Huygens und Lulofs die Astronomie in den Niederlanden im Todesschlafe verwunken lag und dieser Behauptung lässt sich nicht widersprechen. Lulofs zeigte sich bald als den Mann, der vorzugsweise geschickt war die Astronomie an der Leidner Universität aufleben zu lassen, aber es schien damals, so wie früher und später, dass eine heimliche Macht in 's Spiel kommen musste, um den Niederlanden das Vorrecht einer blühenden Astronomie vor zu enthalten. Als endlich der Astronom gefunden war, welchem man früher so ängstlich suchte, hatte das Curatorium kein Interesse für die Astronomie verloren und verweigerte seine Unterstützung und sein Zutrauen dem Manne, welcher bald bewiesen hatte, dass er beide übermass verdiene. Nachdem Lulofs sich durch mehrere Beobachtungen als Astronom bekannt gemacht hatte, schrieb er am 4 Febr. 1754 dem Curatorium, dass, obschon seine Bestrebungen ihn in Briefwechsel mit dem Auslande geführt hatten, die ihm zu Gebote stehenden Hülfsmittel nicht genügten, um die Ehre der Astronomie an der Leidner Universität aufrecht zu halten und bat um die Ausbesserung der alten und den Ankauf einiger neuen Instrumente. Es zeigt sich wohl, dass das Curatorium die Berathung über diese Bitte aufgeschoben hat, aber nicht, dass es einmal zu einem Entschluss darüber gekommen sei; dass jedoch dieser Entschluss keinenfals günstig ausgefallen sein kann, ergiebt sich aus einem rührenden Schreiben, welches Lulofs am 29 Aug. 1768, und also nur zwei Monate vor seinem Tode, beim Curatorium einschickte. Er bemerkt in diesem Schreiben, dass ihm bei seiner Anstellung die Aussicht eröffnet worden sei auf Erwerbung von genügenden astronomischen Hülfsmitteln, und dass diese Aussicht ihn, der Zeitverhältnisse und Unglücksfälle wegen, getäuscht hätte. Er erklärt, dass er demzufolge gezwungen worden sei, die Astronomie zu verlassen und auf eine andere Art, als durch ihre Ausübung, zum Nutzen seines Vaterlandes und der Leidner Universität mitzuwirken. Er bringt dem Curatorium seine Beobachtungen in Erinnerung der Mercur-Durchgänge in den Jahren 1743 und 1753 und des Venus-Durchgangs vom Jahre 1761 und wünscht dass es ihm nicht an Hülfsmitteln fehlen möge, um den demnächstigen Durchgang der Venus am 3 Juni 1709 auf eine der Wissenschaft würdige Weise beobachten zu können. Er bat nur um ein Instrument zur Zeitbestimmung und wollte für die Sternwarte um nichts mehr bitten, theils weil seine Kräfte anfingen zu fehlen, theils weil er überzeugt war, dass man, um seine Stelle zu ersetzen, keinen geschickten Astronomen würde finden können. Das Curatorium gestattete LULOFS den Ankauf des von ihm gewünschten Instrumentes, welches eines der damals üblichen zur Zeitbestimmung aus gleichen Höhen war, aber es kam erst nach LULOFS Tode auf der Sternwarte an und sein Nachfolger scheint sich um den Venus-Durchgang durchaus nicht gekümmert zu haben.

LULOFS war einer Verordnung unterworfen, woran man nicht würde glauben können, wenn sie nicht durch seine veröffentlichten Abhandlungen völlig bestätigt wäre und welche seine Bestrebungen vereitelt haben würde, auch wenn ihm die besten Hülfsmittel zu Gebote gestanden hätten. Er musste, auch am Abend und bei Nacht, wenn er mit seinen Beobachtungen beschäftigt war, das Leidner Publicum zu der Sternwarte zulassen, und dadurch wurden ihm öfters seine Beobachtungen unmöglich gemacht. Bei der Erscheinung des HALLEY'schen Cometen, im Jahre 1759, entstand durch fremde Zuschauer eine so grosse Unruhe auf der Sternwarte, dass er das Teleskop mit Fadenmikrometer nicht anwenden konnte, sondern sich mit einem ungenügenden Quadranten behelfen musste. Bei der Beobachtung der Mondfinsterniss vom 1 Nov. 1762, wurde ihm der Platz am Teleskop streitig gemacht von einem Besucher, welcher dieses Instrument dabei sehr beschädigte. LULOFS hat öffentlich erklärt, dass es ihm nicht erlaubt war, die Thür für Unkundige zu schliessen und er musste sich entweder solche Dinge gefallen lassen, oder seine Beobachtungen gänzlich aufgeben. Gewiss würde kein Astronom der jetzigen Zeit sich solch einer sonderbaren Verordnung unterwerfen.

LULOFS erhielt, vom Curatorium, die Hülfsmittel zu seiner im Jahre 1757 ausgeführten Bestimmung der Länge des einfachen Secunden-Pendels, welche aus einer einfachen Uhr und einem hölzernen Pfahl mit ein Paar kleinen Metallstücken bestanden. Er erwarb sich die unbedeutenden Hülfsmittel zur Aufstellung seines Gnomons; im Jahre 1743 wurde es ihm erlaubt eine unbedeutende Reparatur mit dem kleinen Quadranten vornehmen zu lassen und 1750 das Teleskop von HEARNE mit einem Spiegel von VAN DER BILDT zu versehen. Ich habe nicht entdecken können, dass LULOFS ausserdem, in dem Zeitraum von 26 Jahren, während welcher er die Professur der Astronomie in Leiden versah, einige Hülfsmittel vom Curatorium erhalten hat. Im Jahre 1743 schenkte die Wittwe GARAMA der Leidner Universität einige, von ihrem Gemahl hinterlassene, astronomische Instrumente, aber aus dem Verzeichniss dieser Instrumente ergiebt es sich, dass sie viel zu unbedeutend waren, um LULOFS einige Dienste leisten zu können. Auch das Gebäude der Sternwarte hat zu LULOFS Zeiten keine Aenderung erlitten, obschon es sich aus der Arbeit eines berühmten Historikers zu ergeben scheint, dass es damals gänzlich umgebaut wurde. In den Jahren 1762 bis 1770 erschien in drei Folio-Bänden eine Beschreibung und Geschichte der Stadt Leiden, welche von VAN MIERIS angefangen und von VAN ALPHEN fortgesetzt ist. In diesem berühmten Werke findet sich ein grosser und sehr schön von DELFOS in 1763 ausgeführter Kupferstich des Universitäts-Gebäudes, worin die sich jetzt noch vorfindenden Theile desselben sehr getreu dargestellt sind. Auf diesem Stich sieht aber die Sternwarte ganz anders aus, als man, nach den Abbildungen Figur 3 und Figur 4 auf Tafel I, in den Jahren 1712 und 1725, vermuthen sollte. Anstatt der zwei kleinen Thürme findet man auf diesem Stiche ein einziges und ziemlich grosses Gebäude, mit einem flachen Dache, welches sich über das Dach des Universitäts-Gebäudes erhebt. Dieser Stich, dessen Richtigkeit zwei andere grosse Stiche der damaligen Zeit zu bestätigen scheinen, hat auch mich während längerer Zeit zu der irrigen Meinung geführt, dass die Leidner Sternwarte, als sie unter 's GRAVESANDE's oder LULOFS's Leitung stand, einen gänzlichen Umbau erlitten haben müsste, worüber sich indessen nicht die mindeste Bemerkung in den Archiven des Curatoriums finden liess. Am Ende habe ich aber gefunden, dass die Sternwarte in dem schönen Stich gänzlich fehlerhaft dargestellt ist. Ich entdeckte nämlich Vorschriften für die Unterhaltung des Universitäts-Gebäudes in den nächsten drei Jahren, welche, im Jahre 1766, vom Curatorium verordnet wurden, und darin eine Aufzählung der einzelnen Theile aus denen die Sternwarte im Jahre 1766 bestand und wenigstens bis zum Jahre 1769 bestehen sollte. Es werden dort ausdrücklich zwei Thürme erwähnt, wovon einer einen Quadranten, der andere einen Sextanten überdeckte, und es wird genau vorgeschrieben, welche Reparaturen an diesen Thürmen, in den drei zunächst folgenden Jahren anzubringen wären. Hieraus zeigt es sich, dass der bei van Mieris sich findende Stich eine ganz falsche Darstellung der Sternwarte giebt. Aus meinen Nachforschungen ist es sogar hervorgegangen, dass die Gestalt, welche die Sternwarte im Jahre 1689 erhielt, bis zum Anfange dieses Jahrhunderts ungeändert dieselbe geblieben ist.

Durch meine Nachforschungen ist es völlig erwiesen, dass Lulofs's Sternwarte aus nichts Weiterem bestand, als aus den zwei kleinen, schon im Jahre 1689 errichteten, hölzernen Thürmchen, über deren Einsenkung schon längst vor ihm geklagt wurde, aus der hölzernen Plateforme und dem mehrgenannten langen Saal, welcher nur auf den westlichen Theil des Himmels Aussicht hatte. Seine Haupt-Instrumente waren ein hölzerner, mehr als ein Jahrhundert alter, Quadrant, ein Tychonischer Sextant, welcher zur Zeit seiner Verfertigung schon veraltet war, und ein für die damalige Zeit zu grober Azimuthal-Quadrant, welcher sich in dem zu schwachen Thurm nicht gehörig benützen liess. Lulofs hat das Hearne'schen Teleskop öftern gelobt, aber dessen Gebrauch war sehr beschränkt, indem es nur im langen Saale benutzt werden konnte. Als Lulofs auftrat waren Flamsteed's Beobachtungen schon längst herausgegeben und ebenso auch schon mehrere Resultate von Halley's Thätigkeit bekannt. Die Unmöglichkeit, mit diesen Männern zu wetteifern, konnte Lulofs nur entmuthigen und dazu fand er für seine astronomischen Arbeiten, in den übrigen Pflichten, welche er zu erfüllen hatte, ein grosses Hinderniss. Schon im Jahre 1744 wurde ihm der Unterricht in der theoretischen Philosophie übertragen; er wurde über mehrere wichtige Angelegenheiten des Landes zu Rathe gezogen und zum General-Inspector der Niederländischen Flüsse ernannt. Besonders in dieser Stellung hat er seinem Vaterlande wichtige Dienste geleistet, wie dies von meinem unvergesslichen Beschützer, dem ehemaligen Curator der Leidner Universität, Herrn Baron H. Collot d'Escury nachgewiesen ist [1]. Lulofs hat es deutlich ausgesprochen, dass er diese Stelle abgelehnt haben würde, wenn er mit besserem Erfolge für die Astronomie hätte arbeiten können.

Wie sehr die Astronomie in seinem Vaterlande Lulofs am Herzen lag, zeigt sich auch daraus, dass er, als er im Jahre 1756 von der Rectorwürde der Leidner Universität abging, eine Rede hielt, über die Hindernisse, welche bis dahin der Blüthe der Astronomie in den Niederlanden im Wege gestanden hätten. Diese Rede wäre gewiss auch sehr lehrreich für die jetzige Zeit, aber, zu meinem Bedauern, ist sie nicht gedruckt und die Handschrift war nirgendwo aufzufinden. Betrachtet man die Verhältnisse, in denen Lulofs gelebt hat, so kann es nicht befremden, dass er den grössten Astronomen seiner Zeit nicht gleich kam und muss man vielmehr bewundern, was er in der Astronomie geleistet hat. Lulofs, der, auch nach der Behauptung des verstorbenen Professors Moll, in seinem Vaterlande verkannt worden ist, war während eines Zeitraumes von zwei Jahrhunderten der einzige meiner Vorgänger an der Leidner Universität, welcher sich durch seine Leistungen als Astronom bekannt machte. Als ich in diesen Zeilen Lulofs, gerade ein Jahrhundert nach seinem Tode, zu erwähnen hatte, war es mir ein Bedürfniss, meine tiefe Verehrung seiner Verdienste auszudrücken und seinem Andenken öffentlich meine Huldigung darzubringen.

[1] In dessen Werke: *Hollands roem in kunsten en wetenschappen*, sechster Band, erstes Stück, 1835.

Nach LULOFS Tode ist ein, von ihm im Jahre 1761 verfertigtes, Verzeichniss der Instrumente der Sternwarte aufgefunden, und dies ist das letzte Verzeichniss dieser Art, welches mir zu Gesichte kam. Darin werden 23 Fernrohr-Objective erwähnt, wovon sich nur 12 bei LULOFS Tode vorfanden und mehrere Instrumente, welche ich niemals an der Leidner Sternwarte gekannt habe. Ohne Zweifel sind viele Instrumente der Sternwarte zum physicalischen Museum übergegangen, und dies ist gewiss der Fall mit dem Objectiv von HARTSOEKER, welches 's GRAVESANDE im Jahre 1727 ankaufte. Vielleicht stammen daher die Objectiv-Gläser, welche im physicalischen Museum als Gläser von HUYGENS aufbewahrt werden und von denen ich, schon vor vielen Jahren, nachgewiesen habe [1]), dass sie nicht von HUYGENS herrühren. Ein einziges Instrument war vom physicalischen Museum zur Sternwarte übergegangen, nähmlich ein hölzerner HADLEY'scher Octant, welchen VAN MUSSCHENBROEK im Jahre 1754 vom Mechaniker KLEY in Rotterdam, für die ungeheure Summe von 150 Gulden, hatte anfertigen lassen.

Noch vor dem Ende des Jahres 1768, und also kaum einen Monat nach LULOFS Tode, wurde an dessen Stelle DIONYSIUS VAN DE WIJNPERSSE zu *Philosophiae, Matheseos et Astronomiae Professor* ernannt. VAN DE WIJNPERSSE war *Theologiae Doctor* und Professor der theoretischen Philosophie in Groningen und obschon er sich, auch in Leiden, durch seine Vorlesungen in der Philosophie, einen grossen Namen erwarb, zeigt es sich, selbst aus der Vertheidigung seines Lobredner's Professor J. CLARISSE, dass seine Vorlesungen über Astronomie sehr unbedeutend waren. Man hat es LALANDE sehr übel genommen, dass er von Leiden behauptete *en 1775 je n'y vis ni instruments ni astronome que l'on puisse citer*[2]); aber doch hat die Astronomie in Leiden, während sie VAN DE WIJNPERSSE vertrat, nicht das mindeste Lebenszeichen gegeben und LULOFS Vorhersagung wurde auf eine traurige Weise erfüllt. VAN DE WIJNPERSSE hat vom Curatorium nur wenige Hülfsmittel erbeten und erhalten; doch wurde zu seiner Zeit die Sternwarte mit zwei nicht unwichtigen Geschenken bereichert. Im Jahre 1782 vermachte der Herr JACOBUS VAN DE WAL, der früher eine polytechnische Schule in Delft eingerichtet und ihr vorgestanden hatte, der Leidner Universität ein unter seiner Aufsicht verfertigtes Spiegelteleskop, welches auf einem starken eisernen Fussgestell ruhete und ein messingenes Rohr von 9 Fuss Länge hatte. Die vom Herrn VAN DE WALL der Universität vermachte Sternwarte, welche er unter Nieuwer-Amstel eingerichtet hatte, und welche ein hölzerner Thurm mit einem Drehdache war, der das Teleskop überdeckte, wurde nicht angenommen, weil sich dazu in Leiden kein Platz finden liess. Das Teleskop, welches sehr gut gearbeitet war, dessen Spiegel jedoch kurz nachher ganz matt befunden wurden, erhielt seine Stelle in dem mehrgenannten langen Saal und es wurde eine, sich durch einem Mechanismus oeffnende Lücke angebracht, wodurch sich ein kleiner Theil des westlichen Himmels mit den Teleskop übersehen liess. Im Jahre 1791 erhielt die Sternwarte ein anderes und sehr merkwürdiges Geschenk, nähmlich eine Uhr mit Compensations-pendel, vermacht und mit eigener Hand verfertigt von Herrn WILHELM SNELLEN, der Burgemeister von Dordrecht war. Diese Uhr ist für die damalige Zeit sehr gut gearbeitet und obschon sie jetzt der Astronomie keine Dienste mehr leisten kann, ist sie eine Zierde des Directors-Zimmers der neuen Sternwarte.

Am Ende des achtzehnten Jahrhunderts beeiferte das Curatorium der Leidner Universität sich, mit grossem Ernst, der Astronomie ein besseres Leben zu bereiten und obschon seine Bestrebungen erfolglos waren, sind sie zu merkwürdig, um hier unerwähnt zu bleiben. Im Jahre 1785 wünschte das Curatorium ein ganz neues Universitäts-Gebäude zu stiften, welches nicht nur die erforderlichen

---

[1]) In meinem Aufsatze: *Iets over de kijkers van de Gebroeders* CHRISTIAAN *en* CONSTANTYN HUYGENS, aufgenommen in die Zeitschrift des Kön. Nied. Institutes, Jahrgang 1846, n°. 4.

[2]) LALANDE *Astronomie*. Tome I pag. 14.

Hörsäle, sondern auch die Bibliothek und alle übrigen wissenschaftlichen Sammlungen der Universität, mit Ausnahme jedoch einer Sternwarte, enthalten sollte. Das Curatorium hatte die, für die damalige Zeit merkwürdige, Ansicht, dass eine Sternwarte nicht in der Höhe, auf einem zu anderen Zwecken eingerichtetem Gebäude, sondern an einem abgesonderten Orte, zu ebener Erde eingerichtet werden müsste. Die Ausarbeitung der Entwürfe des Ganzen wurde zwei erfahren Architecten aufgetragen und die besonderen Entwürfe der Sternwarte wurden dem Urtheile des Professors VAN DE WIJNPERSSE und des Professors der Physik DAMEN unterworfen. Der Magistrat der Stadt bot der Universität, als einen zur Stiftung der Sternwarte sehr geeigneten Platz, eine Bastion an, unweit der ehemaligen Bastion der Stadt, wo die neue Sternwarte gestiftet ist. Die Ausführung dieser Entwürfe hätte für die Astronomie in Leiden von grosser Wichtigkeit sein können, aber sie ist gänzlich unterblieben, wahrscheinlich weil die Staaten Hollands nicht geneigt waren, die erforderliche Unterstützung zu bewilligen.

Als im Jahre 1793 der verdienstvolle Professor der Mathematik und Physik C. H. DAMEN gestorben war, wurde an dessen Stelle der unvergessliche PETER NIEUWLAND zum Professor an der Leidner Universität ernannt, wie es scheint, mit dem offenbaren Zwecke, die Astronomie aus denen VAN DE WIJNPERSSE'S in geschicktere Hände übergehen zu lassen. Es wurde die Bemerkung gemacht, dass die Sorge für die Astronomie anfing VAN DE WIJNPERSSE zu drücken, und NIEUWLAND erhielt, als wäre er ein neuer Atlas, der Himmel und Erde zugleich tragen könnte, den Titel *Physices*, *Matheseos sublimioris*, *nec non Architecturae Civilis*, *Militaris et Hydraulicae*, *ut et Astronomiae Professor*. NIEUWLAND war einer der schönsten Geister, welche immer unsere Erde zierten, aber seiner wundervollen Talente ungeachtet ist es mir unbegreiflich, wie er solch einem Beruf Genüge leisten konnte. Obschon kurz zuvor ein hartes Schicksal ihn getroffen hatte, nahm NIEUWLAND, mit dem ihm eigenen Muth, die ihm angebotene Stelle an und besonders hatte die Astronomie, worin er sich an der Seeberger Sternwarte ausgebildet hatte, vieles von ihm zu hoffen. Nachdem NIEUWLAND schon die Direction des physicalischen Museums auf sich genommen hatte, wurde ihm im Jahre 1794 die Directiou der Sternwarte, die man VAN DE WIJNPERSSE abgenommen hatte, übertragen. Er fand dort eine Menge alter und unbrauchbarer Instrumente in einem Locale, welches er, der kurz zuvor von der prachtvollen Seeberger Sternwarte gekommen war, kaum für eine Sternwarte halten konnte. Schon im Monat Mai des Jahres 1794 hat NIEUWLAND ein Schreiben über den Zustand der Sternwarte dem Curatorium eingeschickt. Ein halbes Jahr nachher, als das Curatorium, wie es scheint, auf dieses Schreiben noch keinen Entschluss gefasst hatte, starb NIEUWLAND, zum unersetzlichen Verlust der Leidner Universität und seines Vaterlandes.

Nach NIEUWLAND's Tode scheute das Curatorium der Leidner Universität weder Mühe noch Kosten um einen würdigen Nachfolger dieses ausgezeichneten Mannes anzustellen. Nachdem alle Bestrebungen, VAN SWINDEN für die Leidner Universität zu gewinnen, sich fruchtlos gezeigt hatten, entschloss man sich, die Anstellung eines auswärtigen Physikers und Astronomen zu versuchen. Im Jahre 1796 wurden nach einander LICHTENBERG in Göttingen und D'HUILIER in Genf, und im Jahre 1797 HINDENBURG in Leipzig, mit einem sehr beträchtlichen Gehalt, die Professur der Leidner Universität angeboten, dieselbe aber von diesen (Gelehrten abgelehnt. In dem Zeitraum zwischen den Jahren 1795 und 1798 trat man wiederholt mit ORIANI in Mailand über die Annahme der Professur in Leiden in Unterhandlung, aber auch dieser war durch keine Anerbietungen zu bewegen dieselbe anzunehmen, obschon die Bedingung gemacht wurde, dass er sich allein mit der Astronomie würde zu beschäftigen haben. Die Abneigung der Ausländer, sich, unter den sonst günstigsten Bedingungen, in Leiden niederzulassen, lässt sich allein aus dem damaligen Zustande der dortigen Sternwarte erklären, verbunden mit dem Umstande, dass das Curatorium die Stiftung einer genügenden Sternwarte nicht versprechen konnte.

Nachdem so viele Versuche, einen Fremden zu erwerben, erfolglos geblieben waren, musste man sich wieder mit einem Einheimischen begnügen. Seit dem Jahre 1763 hatte die Leidner Universität einen vortrefflichen Lehrer der Mathematik und Astronomie, JOHANN ARENT FAS, welcher fast während eines halben Jahrhunderts mit der niedrigen Stellung eines Lectors zufrieden sein musste, erst im Jahre 1811, unter der französischen Oberherrschaft Professor extraordinarius wurde und im Jahre 1817 starb. Im Jahre 1796 bat der Lector FAS die Sternwarte benützen zu dürfen und dies wurde ihm erlaubt, unter der Bedingung jedoch, dass er sich mit einem künftigen Professor der Astronomie verständigen werde. Als im Jahre 1797 SIMON SPEIJERT VAN DER EYK zu Professor der Physik und Director des physicalischen Museums ernannt war, erhielt FAS die Direction der Sternwarte, welche nach NIEUWLANDS Tode unbesetzt geblieben war. Bei dieser Gelegenheit erhielt die Sternwarte wieder einen Diener, welchen sie in VAN DE WIJNPERSSE's Zeiten hatte entbehren müssen. FAS hat sich mit der Berechnung von Cometen-Bahnen beschäftigt, aber von ihm angestellte astronomische Beobachtungen sind mir nicht bekannt.

## C. GESCHICHTE IM NEUNZEHNTEN JAHRHUNDERTE BIS ZUM JAHRE 1837.

Um die Mitte des Jahres 1799 wurde VAN SWINDEN noch einmal die Professur in Leiden mit einem ungeheuren Gehalt vergebens angeboten und unmittelbar darauf, mit einem Gehalt, welches nur ein Drittel der VAN SWINDEN angebotenen Summe betrug, der verdienstvolle JOHANN FRIEDRICH VAN BEECK CALKOEN als Professor der Philosophie und Mathematik an der Leidner Universität angestellt. VAN BEECK CALKOEN hatte sich, wie NIEUWLAND, an der Seeberger Sternwarte in der Astronomie ausgebildet; er hatte die hübsche Sternwarte der Societät *Felix Meritis* in Amsterdam zu seiner Verfügung gehabt, sich durch seine Arbeiten schon als einen vortrefflichen Astronomen bekannt gemacht und so würde er ohne Zweifel die Leidner Universität zu einem der Leidner Universität angestellt. erhoben haben, hätte man ihm die erforderlichen Hülfsmittel nicht vorenthalten. Er fand die Leidner Sternwarte ganz und gar unbrauchbar und bat, noch vor dem Ende des Jahres 1799, gemeinschaftlich mit FAS, das Curatorium sich mit eignen Augen von dieser traurigen Wahrheit zu überzeugen. Das Curatorium erfüllte diese Bitte; in Folge davon stellte es zur anfänglichen Verbesserung der Sternwarte die Summe von 100 Gulden VAN BEECK CALKOEN und FAS zu Verfügung und trug ihnen auf, einen Bericht über den Zustand der Sternwarte einzuschicken. Derselbe liess nicht auf sich warten, aber er scheint nichts, als ein Paar unbedeutende Reparaturen der Sternwarte bewirkt zu haben.
Nachdem VAN BEECK CALKOEN seine ganz ungenügende Hülfsmittel, besonders für den Unterricht, so zweckmässig wie möglich, während einiger Jahre, benützt hatte, schickte er, im Anfange des Jahres 1803, beim Curatorium eine ausführliche Denkschrift ein, über den Zustand und die Erfordernisse der Astronomie an der Universität in Leiden. In dieser Schrift zeigte er, dass die Astronomie in Leiden gänzlich zurück war, dass der Zustand der Sternwarte dort die Blüthe der Astronomie seit vielen Jahren durchaus unmöglich gemacht hatte und dass das Aufleben derselben in Leiden die Stiftung einer neuen Sternwarte dringend erforderte. VAN BEECK CALKOEN fügte seiner Schrift ausgearbeitete Entwürfe einer kleinen neuen und zweckmässigen Sternwarte, mit dem Anschlag ihrer Kosten hinzu und machte auch auf eine Bastion der Stadt, als einen hierzu geschickten Punct, aufmerksam.

Das Curatorium hat diese Schrift mit grossem Wohlwollen aufgenommen und sich von deren Bedeutung und Richtigkeit überzeugt erklärt. Man berieth sich mit VAN BEECK CALKOEN und einem geschickten Architecten über die gewünschte Sternwarte und kam am Ende zu dem Resultate, dass deren Erbauung ungefähr 20000 Gulden kosten würde. Obschon man früher weit grössere Geldsummen zur Erweiterung des botanischen Gartens ausgegeben hatte, schien die Kostspieligkeit einer Sternwarte von deren Erbauung abzuschrecken, und nach langen Berathungen wurde beschlossen, dieselbe bis auf bessere Zeiten aufzuschieben. Es ist mir durch zwei, jetzt verstorbene, ehrwürdige Schüler VAN BEECK CALKOEN's [1]) bekannt, dass er mit den Studirenden Leidens, zu ihrer Uebung, öftere Beobachtungen anstellte, und dass er seine Schüler selbst Cometen beobachten und daraus ihre Bahnen ableiten liess, aber dass die Beobachtungen, mit den schlechten Hülfsmitteln der Leidner Sternwarte angestellt, ihm zu ungenau vorkamen, um eine Veröffentlichung zu verdienen. VAN BEECK CALKOEN, der sich durch seine Schriften als einen der tüchtigsten Astronomen seiner Zeit bekannt gemacht hat, folgte im Jahre 1805 einem Ruf nach Utrecht und damit war die letzte Hoffnung auf ein Aufleben der Astronomie in Leiden verschwunden. Dieser, in jeder Beziehung, höchst vortreffliche Mann hat sehr lang an einer schrecklichen Krankheit gelitten und starb, tief betrauert, im Jahre 1811 in seinem 40sten Lebensjahre.

Nach VAN BEECK CALKOEN's Abgang blieb der Lector FAS während einiger Jahre für die Astronomie ganz allein und wurden die Zeitverhältnisse für die Forderungen der Astronomie an der Leidner Universität sehr ungünstig. Im Jahre 1806 ging die Republik der Niederlande in ein Königreich, unter einem französischen Fürsten, über und hatten die Universitäten der Niederlande zunächst wenig darunter zu leiden, so wurde ihr Schicksal desto trauriger, nachdem im Jahre 1810 die Niederlande dem französischen Kaiserreiche einverleibt waren. Die Universitäten von Harderwijk und Franeker wurden gänzlich aufgehoben, die von Utrecht sehr beschränkt und die von Leiden in einen Theil der Universität von Frankreich abgeändert. Unter der französischen Herrschaft wurde FAS, im Jahre 1811, als er schon 69 Jahre alt und während 48 Jahre Lector gewesen war, zum *Professeur adjoint* ernannt und in demselben Jahre wurde C. EKAMA, der Professor an der Franeker Universität war, nach Leiden gerufen, um dort die Professur der Mathematik und Astronomie zu übernehmen. Im Jahre 1812 kam eine grosse Reparatur der fast gänzlich morsch gewordenen hölzernen Sternwarte zur Sprache, aber das damalige *Conseil académique* hat dieselbe verhindert, indem es behauptete, dass die Reparatur einer solchen Sternwarte nur eine Geldverschwendung sein würde.

Als im Jahre 1813 die Niederlande Frankreichs Joch abgeschüttelt hatten, eröffnete sich eine neue Aera für die Wissenschaften. Kurz nach der Thronbesteigung des Königs WILHELM I erschien, im Jahre 1815, eine gesetzliche Organisation des höheren Unterrichtes, wobei die Unterhaltung der Universitäten und die Sorge für die Blüthe der Wissenschaften dem Staat zur Pflicht gemacht wurde. Es liess sich erwarten, dass der Staat der Niederlande, welcher sich, zahlreicher Vorwürfe des Auslandes ungeachtet, bis dahin niemals um die Astronomie gekümmert und die Sorge für dieselbe der Leidner Universität und Privat-Leuten überlassen hatte, sich endlich entschliessen würde, kräftige Maassregeln zur Hebung der Astronomie zu ergreifen. An die Gründung einer Reichs-Sternwarte scheint man aber nicht einmal gedacht zu haben. Man wollte jedoch die Astronomie an der Leidner Universität wieder in's Leben rufen und hat dazu, in dem Zeitraum zwischen den Jahren 1815 und 1825, sehr beträchtliche Geldsummen ausgegeben, doch haben, durch ein eigenthümliches Zusammentreffen von Unglücksfällen, diese Geldsummen der Astronomie in den Niederlanden mehr geschadet als genützt.

[1]) Der ehemalige Curator der Leidner Universität, Herr D. J. VAN EWYCK VAN DE BILDT und der verstorbene Herr *Juris Doctor* J. ENSCHEDE aus Harlem.

Die im Jahre 1689 erneuerte Leidner Sternwarte ist bis zum Jahre 1816, also während eines Zeitraumes von 127 Jahren, mit Ausnahme der nothwendigsten Reparaturen, ungeändert dieselbe geblieben. Niemals hatte sie den Anforderungen der Astronomie gänzlich entsprochen; im Anfange dieses Jahrhunderts verdiente sie den Namen einer Sternwarte durchaus nicht mehr und drohte fast verfault mit dem Einsturz. Am Ende des Jahres 1815 schlug das Curatorium der Regierung vor, die alte Sternwarte gänzlich abzutragen und auf dem Universitäts-Gebäude eine neue aufzurichten, wenn man sich nicht zum Bau einer abgesonderten und wirklichen Sternwarte entschliessen wollte. Das Curatorium bemerkte dabei ausdrücklich, dass der Aufbau einer Sternwarte auf dem Universitäts-Gebäude nur ein Nothbehelf sein könne, welcher sich nur zu bald unbefriedigend zeigen würde. Die Regierung entschloss sich aber zu einer Erneuerung der Sternwarte auf dem Universitäts-Gebäude, welche mehrere tausend Gulden gekostet hat und unter Leitung des Professors EKAMA zu Stande kam. Es war unmöglich auf dem Universitäts-Gebäude eine gute Sternwarte zu errichten, doch hätte sich wenigstens für den Unterricht noch etwas brauchbares daraus machen lassen; es kam aber eine Sternwarte zu Stande, von der es mir unbegreiflich ist, was man damit, im Anfange dieses Jahrhunderts, beabsichtigen konnte.

Am Ende des Jahres 1816 war die alte Sternwarte, mit Ausnahme des mehrgenannten langen Saales, gänzlich abgetragen und dabei waren die zwei Thürmchen und die Plateforme, welche sich in Figur 3 von Tafel I zeigen, ganz verschwunden. Die hölzerne Plateforme wurde von Grund aus erneuert und erstreckte sich nun fast über das ganze Dach des Gebäudes. Der Bau einer so ausgebreiteten Fläche, welche dem Decke eines grossen Schiffes ähnlich war, liess sich erklären in den Zeiten, wo man Fernröhre von mehr als 50 Fuss Länge zum Himmel richtete, aber man sieht nicht ein, was damit im Jahre 1816 beabsichtigt wurde. Die zwei abgetragenen Thürme wurden nicht erneuert, aber auf dem niedrigen alten Thurm, der die Wendeltreppe enthält und sich in Figur 3 vor der Mitte des Gebäudes zeigt, wurde ein neuer Thurm aufgebaut. Dieser Thurm, dessen Dach sich mehr als 75 Fuss über die Strasse erhob, hatte über der Wendeltreppe noch vier Stockwerke, wovon das untere eine Vestibule war, das zweite und dritte zwei kleine zehneckige Zimmer bildeten, mit je sechs Fenstern, denen jedoch der östliche Theil des Himmels gänzlich verdeckt blieb, während das vierte oder obere Stockwerk gedeckt war mit einem niedrigen Drehdach, welches, anstatt einer Spalte, eine grosse Zahl von Lüken erhielt. Die Mauern des nenen Thurmes waren dünn und dessen Fussböden waren sehr schwach. Diese erneuerte Sternwarte, welche im Jahre 1817 vollendet wurde, sollte mit neuen Instrumenten ausgestattet werden, und das erste dazu für sie bestimmte Instrument war ein LENOIR'scher Repetitions-Kreis von zwei Fuss Durchmesser, welcher mehr als 2000 Gulden kostete. Dies war für die damalige Zeit gewiss keine glückliche Wahl und wäre dies Instrument auch vollkommen gewesen, so hätte man doch unmöglich damit auf den schwachen Fussböden des Thurmes, welche auch den Beobachter zu tragen hatten, gehörige Beobachtungen anstellen können. Es ist auch keine Spur von einigen Leistungen dieses Instrumentes zu finden. Ausser ihm wurden bald noch eine Pendel-Uhr und ein Chronometer von KNEBEL, ein Spiegelteleskop von vier Fuss Länge nebst ein Paar kleineren Instrumenten für ungeheure Geldsummen angekauft.

Im Anfange dieses Jahrhunderts lebten in Friesland zwei Landleute, ROELOFS und RIENKS, welche auf den Gedanken kamen Spiegelteleskope anzufertigen und damit ein Aufsehen erregten, welches ein trauriges Zeugniss von dem damaligen Zustande der Astronomie in den Niederlanden abgiebt. Obschon die Teleskope von ROELOFS und RIENKS keine Vergleichung aushalten konnten mit den Instrumenten derselben Art, welche im vergangenen Jahrhunderte von mehreren Gliedern des Geschlechtes VAN DER BILDT geliefert wurden, zahlte man für dieselben sehr grosse Geldsummen und feierte ihre Verfertiger, als wären sie die grössten Genien ihres Jahrhunderts. König WILHELM I, welcher die

Wissenschaften liebte und schützte, fand sich durch diese irreleitende Aufregung veranlasst, bei ROZLOFF und RIENKS zwei grosse Spiegelteleskope zu bestellen, mit der Absicht, eines derselben der Leidner Universität zu schenken. Das für Leiden bestellte Teleskop, welches ungeheure Geldsummen gekostet hatte, und für ein grosses Meisterstück gehalten wurde, erhielt die dortige Sternwarte im Jahre 1822 wirklich als ein Geschenk des Königs. Das starke Rohr dieses Teleskopes, welches, wie das ganze Fussgestell, von schwarzem Mahagonyholz gefertigt war, hatte eine Länge von 13 und eine Oeffnung von 2 Fuss. Der Spiegel wog 200 Kilogr. Das ganze hatte ein grossartiges Ansehen und war eine schöne Tischler-Arbeit, aber das Rohr hatte nur eine ziemlich grobe horizontale und vertikale Bewegung, weshalb das Instrument zu Messungen nicht geeignet war.

Nichts war natürlicher, als dieses grosse und schwere Instrument, welches gänzlich aus schön polirtem Mahagonyholz gearbeitet war, unter einer Drehkuppel zur ebenen Erde aufzustellen. Man hatte sich aber durch den Umbau der Sternwarte im Jahre 1817 gebunden, und musste sich daher zu der Aufstellung dieses schweren Instrumentes über dem Dache des Universitäts-Gebäudes entschliessen. Die Plateforme hatte den südlichen Theil des höheren Daches freigelassen, welches man in Figur 3 zur rechten Seite sieht. Dort wurden die Mauern, welche das Dach trugen, erhöht, bis sie sich darüber erhoben. Ueber diese Mauern wurden Balken gelegt, welche in der Mitte auch vom starken alten Dache getragen und mit einer, von einem Geländer umgebenen Plateforme, von sehr starken Brettern gedeckt wurden. Auf dieser Plateforme wurde das Teleskop aufgestellt, nachdem zu seiner Ueberdeckung eine Drehkuppel, von 30 Fuss Höhe und 19 Fuss Durchmesser, gebaut war. Diese Kuppel war bis zum Fussboden drehbar und hatte Klappen, welche sich, durch einen eignen Mechanismus, öffnen liessen. Das ganze war am Ende des Jahres 1823 vollendet.

Im Anfange des Jahres 1824 gab der Professor EKAMA in einer holländischen Zeitschrift [1]) eine kurze Nachricht über das grosse Teleskop und über ein Teleskop von 4 Fuss Länge von RIENKS, welches, für die Summe von tausend Gulden, angekauft war. EKAMA hat darin beide Teleskope ausserordentlich gelobt, aber nicht auch durch die geringste Beobachtung ihre Vortrefflichkeit nachgewiesen. Der damalige Minister des Innern war mit dieser Nachricht nicht zufrieden und forderte, im Monat Mai des Jahres 1824, EKAMA auf, wirkliche, mit dem Teleskope angestellte Beobachtungen zu veröffentlichen, worauf sich, auch für Sachkundige, die Vortrefflichkeit desselben ergeben möchte. EKAMA hat sich aber über das Teleskop nicht mehr öffentlich geäussert, doch hat zwischen ihm und der Regierung auch nachher ein Briefwechsel über das Teleskop statt gefunden, welcher für EKAMA sehr unangenehm gewesen sein muss. Es konnte EKAMA nicht entgehen, dass das Teleskop durchaus nicht leistete, was es leisten musste und sicherlich konnte er sich nicht mit RIENKS's Erklärung begnügen, dass die Leidner Luft immer zu schlecht sei für die Anwendung eines vortrefflichen Teleskopes. EKAMA konnte kein ungünstiges Urtheil über das Teleskop aussprechen, da es ein sehr kostbares Geschenk des Königs war und dessen Verfertigung veranlasst wurde von einem sehr einflussreichen Manne, welchem EKAMA selbst viel zu verdanken hatte und welcher zu den grossen Gelehrten seiner Zeit gehörte, aber von der Astronomie nicht den mindesten Begriff hatte. EKAMA starb im Anfange des Jahres 1826, und ich bin überzeugt, dass Verdruss über das Teleskop viel dazu hat beigetragen, um sein Leben zu verkürzen.

Der Umriss Tafel I Figur 5 giebt eine Darstellung der Leidner Sternwarte, wie dieselbe nach der Vollendung des Umbaues im Jahre 1823 war, einer Skizze entnommen, welche Herr F. J. STAMKART, jetzt Professor an der Polytechnischen Schule in Delft, im Jahre 1825 anfertigte. Die erneuerte Plateforme ruhte auf kürzeren Pfählen als zuvor, indem man eine Mauer auf die Dachrinne des

[1]) *Algemeene Konst- en Letterbode*, Jahrgang 1824, n°. 1.

langen Saales gesetzt hatte, welche die Plateforme tragen sollte. Um dem Ganzen ein besseres Ansehen zu geben, hatte man die Pfähle von Aussen mit Brettern bekleidet, zwischen welchen mehrere Oeffnungen gelassen worden waren. In der Mitte zeigt sich der neu gebaute Thurm, dessen, in Fig. 3 sichtbarer, unterer Theil von später hinzugekommenen Gebäuden verdeckt wird. Man sieht einige Fenster des langen Saales und dazwischen die Luke, hinter welcher das von VAN DE WALL vermachte Teleskop aufgestellt war. Der Theil des Daches, welcher sich in Fig. 3 zur rechten Seite zeigt, ist in Fig. 5 von Mauern eingeschlossen, welche das Teleskop mit seiner Drehkuppel tragen. Der untere Theil des Gebäudes wurde, von dem Standpunkte aus, von welchem die Skizze aufgenommen ist, von Bäumen verdeckt.

Nach dem Tode des Professors EKAMA wurde im Jahre 1826 der Lector P. J. UYLENBROEK an dessen Stelle zum Professor der Astronomie ernannt und dabei wurde ihm zugleich der Unterricht in der Physik übertragen, obschon S. SPEYERT VAN DER EYK, seit dem Jahre 1797, Professor der Physik an der Leidner Universität war. UYLENBROEK, der im Jahre 1844 mit Tode abgegangen ist, widmete sich besonders der Physik, und hat sich, durch seine ausgezeichneten Vorlesungen über diese Wissenschaft, um sein Vaterland hoch verdient gemacht, während er sich durch seine vortrefflichen Eigenschaften die Liebe und die tiefe Verehrung seiner Schüler erwarb. UYLENBROEK hat auch vortreffliche Vorlesungen über theoretische Astronomie gehalten, aber es war ihm, eben so wenig als seinen Vorgängern, möglich, die Sorge für die praktische Astronomie mit seiner angestrengten Sorge für die Physik zu verbinden und mit der Sternwarte hat er sich kaum beschäftigt. Im Jahre 1826, gleichzeitig mit UYLENBROEK's Anstellung, wurde ich, durch die Vermittelung des Professors MOLL, aus meinem Geburtsort Amsterdam, nach Leiden berufen, um dort den Namen eines Observators an der Sternwarte zu tragen. Professor MOLL war ein Freund meines Oheims und Erziehers J. F. KEYSER [1]), der sich als Privat-Mann in ungewöhnlicher Weise in der Astronomie ausgebildet hatte und sich ein Vergnügen daraus machte, mich in diese Wissenschaft einzuführen, welchen ich jedoch schon in meinem 15ten Lebensjahre verlor. Es war die Absicht des Professors MOLL mich an die Astronomie zu fesseln, aber es zeigte sich bald, dass meine Anstellung als Observator viel mehr geeignet war, mich von dieser Wissenschaft gänzlich zurückzuschrecken. Ich fand an der Leidner Sternwarte eine Menge alter Instrumente, äusserst vernachlässigt und in der grössten Verwirrung, dabei aber buchstäblich kein einziges Instrument, womit sich Beobachtungen von einiger Bedeutung hätten anstellen lassen. Der LENOIR'sche Repetitions-Kreis war durch einen Fall zerbrochen und gänzlich unbrauchbar. Die KNEBEL'sche Pendel-Uhr zeigte sich keineswegs genügend gut und dessen Chronometer, so wie auch das

---

[1]) J. F. KEYSER, der sich eigentlich KAISER hätte nennen sollen, war im Jahre 1766 in Nassau-Dietz geboren, hatte sich aber schon in seiner Jugend in den Niederlanden niedergelassen. Bei seinem im Jahre 1823 erfolgten Tode bekleidete er, bereits seit vielen Jahren, ein sehr geachtetes Steueramt in Amsterdam und war Mitglied des königlich niederländischen Institutes der Wissenschaften und Künste. Seine natürliche Neigung führte ihn zum strengen Studium der Mathematik und der Astronomie und er verschaffte sich mehrere sehr gute Instrumente, wozu eine Pendel-Uhr van LEPAUTE gehörte, welche LALANDE ihm besorgte. Die Societät Felix Meritis in Amsterdam stellte ihre Sternwarte zu seiner Verfügung und, sowohl dort, als in seiner Wohnung, hat er viele Beobachtungen angestellt, welche in der Connaissance des tems 13e Année, in BODE's Astronomischen Jahrbüchern für die Jahre 1807, 1815 und 1827 und im 6ten Bande der Denkschriften der ersten Classe des kön. niederländischen Institutes veröffentlicht sind. Als im Anfange dieses Jahrhunderts die Länge von Amsterdam nach VAN ZACH's Schätzung noch auf wenigstens 7 Bogenminuten unsicher war, gab FRANZ VAN PAULA TRIESNECKER, in seinem Werke: Veränderliche Schicksale dreier merkwürdigen Längen-bestimmungen von Pekin, Amsterdam und Regensburg, Prag 1805, eine genaue Bestimmung der Länge von Amsterdam aus KEYSER's Beobachtungen. Auch OLTMANS und WURM haben öfters KEYSER's Beobachtungen bei ihren Berechnungen benützt. Im Jahre 1806 hat er mit seinen Freunden, den Professoren VAN BEECK CALKOEN und MOLL, eine Längenbestimmung durch Pulver-Signale zwi-

Rienks'sche Teleskop von vier Fuss Länge selbst ausserordentlich schlecht. Die ganze Einrichtung des grossen Teleskopes machte es unmöglich, damit eigentliche Beobachtungen anzustellen und es gab so schlechte Bilder, dass es selbst zweifelhaft war, ob es den Begleiter des Polarsterns zeigen könnte. Meine wenigen Beobachtungen mussten sich auf Stern-Bedeckungen und Erscheinungen bei den Jupiters-Trabanten beschränken und auch diese wären mir, ohne meine eigenen Hülfsmittel, unmöglich gewesen. Es war mir nicht erlaubt, ungehindert an der Sternwarte zu arbeiten, oder einige Vorschläge zu deren Verbesserung zu machen und es wurde mir selbst sehr übel genommen, dass ich mit derselben und besonders mit dem grossen Teleskope unzufrieden war. In dieser Lage blieb ich während eilf ganzer Jahre und in diesem langen Zeitraum haben die Instrumente der Sternwarte nicht die mindeste Verbesserung oder Vermehrung erfahren, ausgenommen dass die Regierung im Jahre 1832 der Sternwarte einen Sextanten und einen kleinen Theodoliten von Troughton schickte, die früher zu einer wissenschaftlichen Unternehmung, welche aber durch die Trennung von Belgien unterbleiben musste, bestimmt gewesen waren. Auch das Gebäude wurde gänzlich vernachlässigt, so dass am Ende selbst die Dächer der beiden Drehkuppeln ganz morsch geworden waren. Ungern äussere ich mich über diese eilf meiner besten Lebensjahre, welche ich nutzlos in Leiden, als Observator, zugebracht habe, aber ich kann doch die Erklärung nicht unterdrücken, dass ich wider meinen Willen und meine Wünsche unthätig war und es um mein Lebensglück immer sehr bedauert habe, dass ich mich in meiner Jugend nicht hatte entschliessen können, die Astronomie aufzugeben und in meine Heimath Amsterdam zurückzukehren.

## D. GESCHICHTE SEIT DEM JAHRE 1837.

Als im Jahre 1837 der Professor der Physik Speyert van der Eyk abgegangen war, und meine Abhandlung über den Halley'schen Cometen, so wie meine, in meiner Wohnung und mit meinen eigenen Hülfsmitteln angestellten Beobachtungen dieses Gestirns die Aufmerksamkeit auf mich gelenkt hatte, wurde dem Professor Uylenbroek der ganze Unterricht in der Physik mit der Direction des physicalischen Cabinets und mir der Unterricht in der Astronomie mit der Direction der Sternwarte übertragen. Diese Aenderung hatte ihre Schwierigkeiten, aber sie wurde mit Kraft durchgeführt vom damaligen Referendär Herrn Freiherrn A. G. A. van Rappard, der später Minister des Cultus und des Innern war. Von diesem Zeitpunkt ab war die Herstellung der Astronomie in meinem

schen Amsterdam und Utrecht ausgeführt, welche in der holländischen Zeitschrift: Konst- en Letterbode, 1807, n°. 2, beschrieben ist. Im 6ten Bande der Denkschriften der nied. Inst. gab er eine neue Bestimmung der Länge von Amsterdam aus seinen eigenen Beobachtungen und im 7ten Bande desselben Werkes die Resultate, welche er aus seinen Beobachtungen der ringförmigen Sonnenfinsterniss vom 7. Sept. 1820 abgeleitet hatte. Während vieler Jahre wurden in den Niederlanden allein von Kuyser astronomische Arbeiten ausgeführt und es ist eine richtige Bemerkung seines Biographen, des Professors Moll, dass er allein, mit seinen beschränkten Mitteln, zu Stande brachte, was an den niederländischen Universitäten vernachlässigt wurde. Nach seinem Tode sind die Behörden der niederländischen Universitäten öfters heftig darüber angegriffen, dass sie Kuysar'n niemals eine Professur der Astronomie angeboten haben, aber der bescheidene Mann, der nichts für sich selbst wünschte und die Wissenschaft allein aus Liebe für sie ausübte, hätte gewiss niemals eine Professur angenommen. Verheirathet, doch ohne Kinder hat er nach dem Tode meines Vaters, mit wahrhaft väterlicher Liebe und Treue, meine Erziehung übernommen, doch war ich noch ein Knabe, als ich ihn durch den Tod verlor. Seine Witwe schenkte mir seine Bücher und Instrumenten-Sammlung, wovon aber ein Dollond'sches Mittagsrohr und ein Lanois'scher Repetitions-Kreis in die Hände des Professors Moll übergegangen sind.

Vaterlande die Aufgabe meines Lebens und ist die Geschichte der Astronomie an der Leidner Universität dergestalt mit meiner eigenen Geschichte zusammen gewoben, dass es mir unmöglich ist, beide von einander zu trennen. Ich muss also entweder hier diese Geschichte gänzlich abbrechen, oder mich nicht davon dadurch zurückschrecken lassen, dass ich künftig stets von meinen eigenen Bestrebungen werde zu reden haben. Aus mehreren Ursachen habe ich mich zu der Fortsetzung der genannten Geschichte, bis zu diesem Augenblicke, entschlossen. Von der Geringfügigkeit meiner Kräfte ist keiner mehr, als ich selbst überzeugt. Ich gestehe es, dass ich nur weniges in der Astronomie leisten konnte und dass ich mein Ziel nicht erreicht habe oder erreichen werde, aber ich habe doch keine Mühe gescheuet und das Misslingen meiner Bestrebungen fällt nicht mir allein zur Last, sondern auch den Verhältnissen, unter denen ich gelebt habe. Es scheint mir hier die geeignete Stelle zu sein, um mich über meine dreissigjährigen Bestrebungen, welche öfters in meinem Vaterlande unrichtig beurtheilt sind, zu verantworten und jetzt, am Ende meiner Laufbahn, wünsche ich dabei, wenn möglich, einer künftigen unrichtigen Darstellung vorzubeugen, welche die Geschichte der Astronomie an der Leidner Universität, seit meinem Auftreten, sonst zu befürchten haben würde. Es schmerzt mich, dass ich diese Geschichte nicht erörtern kann, ohne öfters einige Unzufriedenheit auszudrücken; ich werde jedoch nichts behaupten, zu dessen Bestätigung bei mir nicht die gehörigen Belege vorhanden sind und ich hoffe, dass man in meinen Erfahrungen eine Warnung für die Zukunft finden wird.

Als mir im Jahre 1837 der Unterricht in der Astronomie an der Leidner Universität mit der Direction der dortigen Sternwarte übertragen wurde, hatte ich ja vieles gelesen, aber niemals eine eigentliche Sternwarte oder eines der neueren astronomischen Instrumente gesehen. Ich hatte das Glück nicht gekannt, von einem Lehrer für mein Fach ausgebildet zu werden, und mir fehlte die Erfahrung, welche sich allein durch die Ausübung der Wissenschaft erwerben lässt. In meinem Vaterlande hatte man von der Astronomie so wenig Begriff, dass es nicht einmal zur Sprache gebracht werden konnte, mir durch Reisen das Fehlende ersetzen zu lassen und ich musste entweder die mir angetragene Stelle ablehnen, oder, obschon dazu unreif, die damit verbundenen Pflichten sogleich übernehmen. Aller Schwierigkeiten ungeachtet entschloss ich mich, meine geringen Kräfte dem Aufleben der Astronomie in meinem Vaterlande zu widmen und zur Erreichung dieses Zweckes keine Mühe zu scheuen. Es kam mir nothwendig vor, durch einen ausgebreiteten Unterricht, auch in der praktischen Astronomie, das Studium dieser Wissenschaft an der Leidner Universität so viel wie möglich zu fördern, durch populäre holländische Schriften meine Landsleute im Allgemeinen mit der Astronomie bekannt zu machen, und, wo möglich, durch nicht zu unbedeutende Beobachtungen dem Auslande ein Zeichen vom Aufleben der Astronomie zu geben. Es ist klar, dass die Sternwarte, in ihrem damaligen Zustande, meinem Zwecke nicht genügen konnte, aber an die Stiftung einer neuen Sternwarte war nicht zu denken, indem der Streit mit Belgien, der kaum beendet war, ungeheuere Geldsummen verschlungen hatte und die Regierung gezwungen war, die Ausgaben des Staates möglichst zu beschränken. Indessen war wenigstens eine zeitliche und theilweise Ausbesserung der astronomischen Hülfsmittel nothwendig und da der Staat nur sehr wenig dazu beitragen konnte, entschloss sich das Collegium der Herren Curatoren, der Astronomie mit einigen tausend Gulden aus der besonderen Casse der Universität zu Hülfe zu kommen. Jedenfalls musste die alte, ganz unzweckmässige, Sternwarte beibehalten werden, doch glaubte ich, dass sie sich vorläufig mit wenig Kosten zur Benützung einiger Instrumente würde einrichten lassen. Ich war der Ansicht, dass in der kleineren Drehkuppel, nach Erneuerung des Daches, ein Grölliger Refractor mit einem Fadenmikrometer, zur Anstellung von Mikrometer-Messungen und Extrameridionalbeobachtungen im Allgemeinen, aufgestellt werden könnte und dass im Stockwerke unmittelbar darunter sich ein Paar tragbare Instrumente zur Zeitbestimmung und zur Uebung der Studirenden würden unterbringen lassen. Ich hatte mich über die Genehmigung meiner Ansichten zu erfreuen und demzufolge wurde bald das Dach des Drehthurms erneuert und erhöht, und im optischen Institute in München ein sechszölliger Refractor mit einer MAHLER'schen Uhr und bei ERTEL ein Universal-Instrument mit einem tragbaren Passagen-Instrument bestellt. Es war aber noch die grosse Schwierigkeit zu überwinden, dass die bestellten Instrumente sich nicht hätten benützen lassen, wenn sie auf dem schwankenden Fussboden der Zimmer des schwachen Thurmes ruhten. Um derselben zu begegnen liess ich ein Balkengerippe einbringen, welches am oberen Ende der Wendeltreppe auf den alten und starken Mauern des Gebäudes ruhte und weiter mit den Mauern und dem Fussboden des Thurmes nicht in Berührung kam. Der Thurm hatte drei kleine Zimmer über einander, deren unteres benützt wurde, um die Balken fest mit einander zu verbinden. Im mittleren Zimmer kamen die zwei neuen kleineren Instrumente auf isolirte hölzerne Pfähle zu stehen, welche mit dem Balkengerippe verbunden waren und im obern Zimmer, unmittelbar unter dem Drehdache, wurde der sechszöllige Refractor von starken isolirten Querbalken getragen.

Es kann sonderbar scheinen, dass ich mich anfangs mit einer solchen Aushülfe begnügte, aber ich hatte die feste Ueberzeugung, dass ein Ausschlagen der Hülfsmittel, welche mir gegeben werden konnten und die Forderung damals unmöglich zu gewährender, zu nichts anderm führen konnte, als zu einem vieljährigen oder gänzlichen Aufschub der Ausbesserungen, deren die Astronomie an der Leidner Universität vor Allem so dringend bedurfte. Im Monat October des Jahres 1838 gab ich eine Schrift heraus[1]), worin ich die von mir ausgeführte Verbesserung der Sternwarte und meine Absichten damit darlegte und ausdrücklich bemerkte, dass die angekauften Instrumente ihren Werth für eine bessere Sternwarte behielten, und dass die so wenig kostbaren Aenderungen des Gebäudes nur ein zeitlicher Nothbehelf seien, womit ich hoffte, die Stiftung einer wirklichen Sternwarte vorzubereiten. In dieser Schrift gab ich eine neue Bestimmung der Polhöhe der Sternwarte, ausgeführt im ersten Vertikale mit dem Ertelschen Passagen-Instrumente, welches erst zwei Monate zuvor in Leiden angekommen war. Aus dieser Untersuchung zeigte es sich, dass mein Balkengerippe seine Dienste besser leistete, als sich erwarten liess und zu meinem Zwecke völlig ausreichte. Als, im Jahre 1846, ein ungenannter, aber doch nicht unbekannter Niederländer, die von mir getroffenen Maassregeln öffentlich bestritten und lächerlich zu machen gesucht hatte, habe ich meine An- und Absichten, in einer besonderen Schrift, vertheidigt[2]).

Im Monat October des Jahres 1838 kam der sechszöllige Refractor in Leiden an, aber das dazu gehörige Fadenmikrometer wurde erst im Monat August des Jahres 1839 nachgeschickt. Nachdem ich schon früher einige mit dem Refractor angestellte Beobachtungen veröffentlicht hatte[3]), woraus sich dessen grosse optische Kraft ergab, veröffentlichte ich im Monat Juni des Jahres 1840 eine neue Schrift[4]), welche die ersten Leistungen dieses Instrumentes enthielt. In dieser Schrift gab ich eine ausführliche Abbildung und Beschreibung des Mikrometers, mit den Entfernungen und Positions-Winkeln der 39 Doppelsterne von BESSEL und STRUVE, wovon ich jede schon damals ohngefähr 30 mal ausgemessen hatte. An diese Untersuchungen wurden in derselben Schrift einige relative Ortsbestimmungen von Fixsternen, bis zu 10' Entfernung, so wie auch einige Mikrometer-Messungen zur Ortsbestimmung von Cometen hinzugefügt. Ich hatte die grosse Freude darauf mit freundlichen Briefen von BESSEL

---

[1]) *Het Observatorium te Leiden. Leiden*, H. W. HAZENBERG & COMP. 1838.
[2]) *Vermaning tot zwijgen voor den schrijver van het opstel: „Iets over de tijdsbepaling in Nederland." Amsterdam,* C. G. SULPKE, 1846.
[3]) *De optische kracht des grooten kijkers uit het optische Instituut te München, op het Observatorium te Leiden,* im Wochenblatte: *Konst- en Letterbode*, 1839 n°. 17 und n°. 18.
[4]) *Eerste metingen met den mikrometer, volbragt op het Observatorium van 's Rijks Hoogeschool te Leiden. Leiden,* H. W. HAZENBERG & COMP. 1840.

und STRUVE beehrt zu werden und mir den Beifall dieser unsterblichen Männer erworben zu haben. Nichts hätte mich mehr aufmuntern können, als dies Resultat meiner ersten Versuche und, obschon ich weiterhin nur einen sehr kleinen Theil meiner Zeit den Beobachtungen widmen konnte, wurden meine geringen Leistungen von den Astronomen, in- und ausser Europa, mit einem Wohlwollen aufgenommen, welches meine kühnsten Hoffnungen weit überstieg.

Der Unterricht in der Astronomie an der Leidner Universität erhielt, nachdem er mir aufgetragen war, einen sehr grossen Umfang und mochte, während vieler Jahre, bei den Studirenden grossen Beifall finden. Dass ich, in dieser Beziehung nicht fruchtlos thätig war, zeigen die zahlreichen astronomischen Inaugural-Dissertationen, welche von der Leidner Universität ausgingen, und die in den *Astronomischen Nachrichten* vorkommenden zahlreichen Namen von in Leiden Studirenden, welche sich mit der Berechnung von Cometen- und Planeten-Bahnen beschäftigten. An der Sternwarte fehlten anfangs noch viele Hülfsmittel für die Vorlesungen, für die Uebungen der Studirenden und für die Beobachtungen, aber obschon die Geldmittel der Sternwarte immer sehr beschränkt blieben, wurde das Fehlende allmählig ausgefüllt. Bis zum Jahre 1846 erhielt die Sternwarte vom Staate durchaus nichts, als den Gehalt des Aufwärters, welcher 200 Gulden betrug. Als aber im Jahre 1846 der Mechaniker RIENKS gestorben war, der unter dem Namen, dass er dafür sein grosses Teleskop unterhielt, ein Jahrgehalt von 500 Gulden bezog, bat ich, dass diese Summe der Sternwarte zu Nutze kommen möchte; demzufolge wurde der Gehalt des Aufwärters um 200 Gulden erhöht und erhielt die Sternwarte vom Staate eine jährliche Zulage von 300 Gulden, welche aber, für die Jahre 1850, 1851, 1852 und 1853, vom damaligen Minister bis zu 240 Gulden verringert wurde. Glücklicherweise stand die Sternwarte, als Lehranstalt, unter der Fürsorge des Collegiums der Herren Curatoren der Leidner Universität und, ohne die kräftige Unterstützung dieses Collegiums, hätte ich bald alle meine Bestrebungen aufgeben müssen. Die Sternwarte erhielt vom Curatorium aus der Universitäts-Casse jährlich einen Zuschuss von meistens 480 Gulden und niemals hat es meine Bitte um eine ausserordentliche Zulage abgeschlagen. So war es möglich, allmählig mehrere wichtige Instrumente, wie Cometensucher, ein Boxchronometer von DENT, ein Taschenchronometer von KRILLS, ein kleines Universal-Instrument von PISTOR & MARTINS neuester Construction und, im Jahre 1852, selbst ein Universal-Instrument von REPSOLD, mit einem Fernrohr von 21 Linien Oeffnung, anzukaufen. Um ein solches Instrument erlangen zu können, erbat und erhielt ich die Erlaubniss, die Zulage aus der Universitäts-Casse von mehreren Jahren aufzusparen, und, als ich mich, während der Jahre 1849, 1850 und 1851, mit der Zulage von Seiten des Staates von 240 Gulden für alle die laufenden Ausgaben begnügt hatte, die aufgesparte Summe aber noch nicht hinreichend war, hatte das Curatorium die Güte, das Fehlende zuzufügen. Da es in Leiden durchaus an einem Mechaniker fehlte, musste ich die zeitraubende Unterhaltung der Instrumente, so wie die Anfertigung von kleinen Hülfsmitteln, mit eigener Hand besorgen, aber dadurch konnte ich die jährliche Zulage fast gänzlich zur Ausbreitung der Instrumenten-Sammlung anwenden. Theilweise vom Schmiede und Tischler unterstützt, habe ich eine grosse Zahl von Versinnlichungs-Apparaten für meine populären astronomischen Vorlesungen angefertigt und es entstand dabei an der Leidner Sternwarte eine Sammlung kleinerer Instrumente verschiedener Art, welche, wie ich glaube, ganz einzig dasteht und für die Lehrthätigkeit höchst wichtig ist.

Das Gebäude der alten Sternwarte hat während meiner Direction zweimal eine Aenderung erlitten, welche hier nicht unerwähnt bleiben soll. Als ich die Direction der Sternwarte übernahm war die ausgebreitete hölzerne Plateforme, welche den grössten Theil der Dächer des Universitäts-Gebäudes überdeckte, sehr morsch geworden. Es wurde bei mir angefragt, ob die gänzliche Erneuerung, welche dieselbe bedürfte, für die Astronomie nothwendig wäre und da ich diese Frage nicht bejahend beantworten konnte, wurde die Plateforme im Jahre 1838 gänzlich abgetragen. Da man jedoch zu der grössern Drehkuppel unter der das Teleskop sich befand, musste kommen können, wurde eine schmale Brücke über die Dächer des Gebäudes gelegt, welche beide Drehkuppeln mit einander verband. Im Jahre 1843 erhielt die grössere Drehkuppel eine Aenderung, deren Veranlassung und Zweck einige Erläuterungen erfordern.

Der Professor Ekama erklärte im Jahre 1824 öffentlich, dass das Teleskop von Rienks den besten Herschel's gleich käme, aber er hat diese Erklärung nicht durch die geringste Beobachtung bestätigt und man findet, dass deren Richtigkeit bisweilen bezweifelt worden ist. Im Jahre 1826 ernannte die Regierung zur Untersuchung des Rienks'schen Teleskopes eine Commission, deren Mitglieder Professor Moll, Baron van Utenhove und Herr van Marum waren. Diese Commission trat erst im Jahre 1828 in Leiden zusammen und es ist mir unbekannt, welches Urtheil sie über das Teleskop ausgesprochen hat, aber ich besitze eine Handschrift des Professors Moll, worin er seine Untersuchung beschrieben hat und worin er erklärt, dass er mit dem Teleskop weniger hätte sehn können, als mit einem Achromaten von 42 Zoll Brennweite. Im Jahre 1839 wurde mir von der Regierung eine genaue Untersuchung aufgetragen, über die Brauchbarkeit des Leidner Teleskops und eines Teleskops von Rienks derselben Grösse, welches seit dem Jahre 1823 in einer Caserne in Harlem stand und das, wie man sagt, vom Könige für eine belgische Universität bestellt, aber von derselben nicht angenommen war. Das Resultat meiner Untersuchung, welches ich der Regierung ausführlich mittheilte, war, dass beide Teleskope durchaus unbrauchbar waren. Da das Leidner Teleskop nutzlos einen für die Astronomie wichtigen Raum einnahm, bat ich, bei dieser Gelegenheit, dasselbe wegschaffen zu dürfen, aber dies wurde mir von der Regierung verweigert.

Es war nur ein sehr dürftiger Nothbehelf, dass ich anfangs die zwei Ertel'schen tragbaren Instrumente in ein Zimmerchen unter der Drehkuppel des sechszülligen Refractors aufstellte; denn der Gebrauch derselben war dort sehr beschränkt, obschon ich im Plafond Klappen hatte anbringen lassen, wodurch sich, nach gehöriger Drehung der Kuppel, einige höhere Theile des Himmels betrachten liessen. Ich hatte aber den Blick immer auf die Drehkuppel des grossen Teleskops gerichtet, welche sich mit wenig Kosten in eine kleine Sternwarte umwandeln liess, wenn nur das Teleskop hätte weggeschafft werden können. Durch die kräftige Unterstützung des Curatoriums erhielt ich endlich im Jahre 1845 die Erlaubniss, das Teleskop aus einander zu nehmen und verkaufen zu lassen. Diess erregte, wie ich es vorhergesehen hatte, besonders in Friesland, eine grosse Aufregung. Ich wurde nicht nur in den Zeitungen des Vandalismus beschuldigt, sondern auch darüber bei der Regierung angeklagt und doch hat man es nicht verhütet, dass mehrere von Rienks hinterlassene ganz vollständige grössere Teleskope, für fast gleich viele Gulden, als sie Fuss lang waren, öffentlich verkauft worden sind.

Die Drehkuppel des Teleskopes, welche sich schon längst nicht mehr drehen liess, und deren Klappen nicht mehr geöffnet werden konnten, war ein achteckiges hölzernes Gebäude mit einem inneren Durchmesser von 18 Fuss. Ich liess es bis zur Hälfte abtragen und mit einem fast platten, in zwei Hälften getheilten Dach, welche auf Rollen liefen und sich wegschieben liessen, überdecken. Das alte Dach des Gebäudes, welches unter dem Fussboden der Drehkuppel geblieben war, wurde sorgfältig davon und von den neueren Mauern getrennt und bildete eine sehr erwünschte Fundirung zweier isolirten hölzernen Pfeiler für die tragbaren Instrumente und zu einem desgleichen, zur Aufnahme der Mahler'schen Uhr. Die im Jahre 1843 schon ziemlich angewachsene Sammlung kleinerer Instrumente wurde dort in einem Glasschrank aufgestellt und das ganze bildete eine liebe kleine Sternwarte, worüber sich ein Dilettant hatte erfreuen können, aber die doch für eine Reichsanstalt zu unbedeutend war. Es blieb die sehr grosse Schwierigkeit, dass diese Sternwarte sich über das Dach eines grossen und unbewohnten Gebäudes erhob und dass man, um dieselbe zu erreichen, eine Treppe von mehr als hundert Stufen zu ersteigen und eine schmale Brücke, welche über die Dächer des Gebäudes lief, zu überschreiten hatte. In diesem Locale hat Herr OUDEMANS, dessen Wohnort weit von der Sternwarte entfernt war, in den Jahren 1848 und 1849 seine bekannte Declinations-Bestimmung von 101 Sternen mit dem kleinen ERTEL'schen Passagen-Instrumente ausgeführt.

Figur 6 Tafel II giebt eine Ansicht der früheren Leidner Sternwarte, wie dieselbe sich seit dem Jahre 1845 aus dem botanischen Garten zeigte, nach einer im Jahre 1859, von meinem Sohne D[r]. P. J. KAISER angefertigten Photographie. Von der hölzernen Plateforme war nichts übrig, als die Mauer, welche dieselbe getragen hat. In der Mitte zeigt sich der Thurm, der die Wendeltreppe enthalt, dessen Drehdach im Jahre 1838 erhöht und erneuert ist, und zur rechten Hand die, im Jahre 1845, in eine kleine Sternwarte umgewandelte Drehkuppel des früheren Teleskops. In der Figur sieht man die Brücke, welche vom Thurm zu der Plateforme führte, worauf die grössere Drehkuppel ruhete. Von den beiden niedrigeren Gebäuden ist das zur linken Hand seit dem Jahre 1825 hinzugekommen und es enthält einen Versammlungs-Saal des Curatoriums nebst den Facultäts-Zimmern der Universität. Im Jahre 1861 ist die frühere Sternwarte gänzlich abgetragen und spurlos verschwunden. Der Thurm ist wieder bis zum Ende der Wendeltreppe erniedrigt und der Theil des Daches, welcher unter der Drehkuppel des Teleskops geblieben und von Mauern umgeben war, ist in seinem früheren Zustande hergestellt, wie er sich in den Figuren 1 und 3 zeigt. Nur die Mauer, welche von der Dachrinne aus, im Jahre 1817, erhöht wurde, um die hölzerne Plateforme zu tragen, ist der einzige Ueberrest der Sternwarte, welche sich, während eines Zeitraumes von 228 Jahren, über die Dächer des Universitäts-Gebäudes erhob.

Im Jahre 1858 wurde, auf meine Bitte, mein ausgezeichneter Schüler, Herr J. A. C. OUDEMANS, als Observator an der Sternwarte in Leiden angestellt und von dessen Gewinnung für die Astronomie konnte ich mir für die Zukunft dieser Wissenschaft in meinem Vaterlande alles versprechen. Herr OUDEMANS folgte im Jahre 1856 einem Ruf als Professor der Astronomie in Utrecht und wurde in Leiden durch Herrn M. HOEK ersetzt. Unmittelbar nach Herrn HOEK's Abgang, im Jahre 1859, wurde Herr N. M. KAM zum Observator ernannt und obgleich die Anstellung eines Observators an der Leidner Sternwarte dort die Anstellung von systematischen Beobachtungen ermöglichte, blieben damit doch immer noch zu grosse Schwierigkeiten verbunden. Im Jahre 1845 konnte ich eine Wohnung neben dem Universitäts-Gebäude beziehen, aber die Wohnungen der Observatoren, besonders des Herrn OUDEMANS, waren zu weit von der Sternwarte entfernt. Die Sternwarte, welche sich in dem oberen Theile eines hohen und unbewohnten Gebäudes befand, lag an einer der Hauptstrassen der Stadt und der Beobachter hatte jeden Abend von Fuhrwerken und Unruhe anderer Art viel zu leiden. Die zwei grossen Glocken des Uhrthurmes, welche, jede halbe Stunde, nur zu laut das Fortschreiten der Zeit verkündigen, brachten dabei das ganze Gebäude in Erschütterung und machten jede Beobachtungsreihe, während welcher sie sich hören liessen, unbrauchbar. Ich habe mich stets beeifert, die frühere Sternwarte so gut wie möglich einzurichten, aber ich habe auch nicht aufgehört, die Regierung auf deren Mängel hinzuweisen, und um die endliche Erbauung einer eigenen Sternwarte zu bitten. Nachdem ich mich während mehr als zehn Jahren mit dem ganz ungenügenden Gebäude beholfen hatte, trat ich öffentlich mit meinen Beschwerden auf, und bei der Veröffentlichung meiner, im Jahre 1848 angestellten, Iris-Beobachtungen, im zweiten Bande der Zeitschrift des damaligen niederländischen Institutes, machte ich die Art und Weise, wie diese Beobachtungen erhalten waren und an der Leidner Sternwarte Beobachtungen angestellt werden mussten, bekannt. In meinem grossen populären Werke über die Geschichte der Planeten-Entdeckungen, welches im Jahre 1851 erschien, und worin ich mehrere Sternwarten zu erwähnen und kürzlich zu beschreiben hatte, kam ich auf diesen Gegenstand zurück und verglich die astronomischen Hülfsmittel in den Niederlanden mit den jenigen anderer kleine Staaten. Diese Äusserungen, mit dem durch meine populäre Schriften erregten Interesse für die Astronomie vereinigt, hatten zur Folge, dass die Erbauung einer eigenen Sternwarte in den Niederlanden von mehreren Seiten, und endlich auch im Hause der Abgeordneten zur Sprache kam. In der Sitzung der zweiten Kammer der Abgeordneten, vom 1 December 1853, hielt jeder der Herren J. Bosscha, der später Minister des Cultus war, und Freiherr D. T. Gevers van Endegeest, jetzt seit mehreren Jahren ein hochverehrter Curator der Leidner Universität, eine treffliche Rede, um die Wichtigkeit der endlichen Gründung einer Sternwarte in den Niederlanden, und besonders in Leiden, zu zeigen, und in demselben Geiste wurde wenige Tage nachher, in der ersten Kammer der Abgeordneten, von Herrn J. S. Lotsy, der nachher Minister der Marine war, gesprochen. Da die Regierung sich zu der Erbauung einer Sternwarte nicht geneigt zeigte, berief Herr Freiherr Gevers van Endegeest sich auf das niederländische Volk und forderte es auf, seinen Wunsch, dass in Leiden eine Sternwarte gebaut würde, durch Geld-Beiträge zu diesem Baue zu zeigen. Diese Aufforderung wurde unmittelbar von den in Leiden Studirenden mit Wärme ergriffen und zugleich auch von meinen hochverehrten Collegen an der Leidner Universität, welche alle beträchtliche Geldsummen zu diesem Zwecke zeichneten. Es bildete sich bald darauf ein Comité zum Bau einer Sternwarte in Leiden, welches Zweigcomités im ganzen Lande hatte und an deren Spitze mein hochverehrter jetzt verstorbener College, der berühmte Philolog J. Bake, stand, welcher, seines schon fortgerückten Alters ungeachtet, für die in Leiden zu bauende Sternwarte keine Mühe oder Anstrengungen scheuete. In diesem Comité hat Herr J. J. Teding van Berkhout, *Philosophiæ Naturalis et Juris Doctor* und Magistrat der Stadt Amsterdam, die Pflichten eines Rentmeisters auf sich genommen und mit fast unglaublicher Sorgfalt und Eifer erfüllt.

Unter diesen Verhältnissen war es kaum zu bezweifeln, dass die Volksvertretung die Erbauung einer Sternwarte in Leiden genehmigen würde, wenn nur der Minister des Innern von der Nützlichkeit derselben genug überzeugt war, um die dazu erforderliche Geldsumme in das Staats-Budget einzutragen. Indessen war es ganz unentschieden geblieben, welchen Anforderungen eine Sternwarte zu entsprechen hatte, um damals für die Niederlande genügen zu können und welche Geldsumme deren Bau und Einrichtung erforderte. Ich meinte, meine Gedanken darüber öffentlich aussprechen zu müssen, und gab, im Jahre 1854, einen Aufsatz heraus¹), welcher auch in einer weit verbreiteten holländischen Zeitschrift aufgenommen wurde¹) und sich als Anhaltspunkt benützen liess. In diesem Aufsatze gab ich erstens eine Beschreibung und Abbildung der Pulkowaer Sternwarte, um das Wesen und die Anforderungen einer Sternwarte meinen Landsleuten zu erläutern; ferner wies ich auf's Neue nach, dass die damalige Leidner Sternwarte durchaus ungenügend war und endlich setzte ich meine Ansichten auseinander, über eine Sternwarte, wie man dieselbe in den Niederlanden wünschen musste. Als endlich in den Niederlanden eine Sternwarte gebaut werden sollte, musste sie, so war meine Ansicht, nach dem Vorbilde mehrerer anderen kleinen Staaten, um der Ehre des Landes willen, mehr als die Hälfte ein Hülfsmittel für den Unterricht sein und dabei eine Staats-Anstalt, welche die Mitwirkung an der Förderung der Wissenschaft erlaubte. Sie konnte zu den Sternwarten zweiten Ranges gehören, doch musste für die absolute und relative Ortsbestimmung der Himmelskörper hinreichend eingerichtet und ausgestattet sein. Wurde solch eine Sternwarte in Leiden eingerichtet, so bot diese wichtige Vortheile, denn erstens konnte dann dem Professor der Astronomie deren Direction aufgetragen werden, wodurch sich der Gehalt eines Directors sparen liess, und zweitens konnte sie zugleich als Lehranstalt eingerichtet und

---

¹) *De inrigting der Sterrewachten, beschreven naar de Sterrewacht op den heuvel Pulkowa en het ontwerp eener Sterrewacht voor de Hoogeschool te Leiden.* Leiden, A. W. Sythoff, 1854. Auch in der holländischen Zeitschrift: *Lectuur voor de huiskamer*, 1854.

benützt werden. Die Hülfsmittel für den Unterricht waren in Leiden schon sehr beträchtlich und erforderten, bei einer allmähligen Ausbreitung, ein genügendes Local zu ihrer gehörigen Aufbewahrung und Benützung. Zur absoluten Ortsbestimmung der Himmelskörper kam mir die Anschaffung einer vortrefflichen Pendel-Uhr und eines Meridian-Kreises, dessen Fernrohr eine Oeffnung von mindestens sechs Zoll hatte, nothwendig vor, und Preisverzeichnissen zufolge schlug ich die Kosten von beiden Instrumenten, mit ihren Pfeilern und Hülfsapparaten, auf 14000 Gulden an. Ich gestand es, dass der schon vorhandene sechs zöllige Münchener Refractor zu vielen relativen Ortsbestimmungen ausreichte, aber erklärte es doch für höchst wünschenswerth, dass, zu Mikrometer-Messungen und Untersuchungen über die physische Beschaffenheit der Himmelskörper, ein grösserer Refractor von wenigstens sieben Zoll Oeffnung angeschafft würde, welcher eine Ausgabe von 8500 Gulden erforderte. Ich entwarf eine Sternwarte, welche, meiner Ansicht nach, dem genannten zweifachen Zwecke entsprechen würde und fertigte von diesem meinem Entwurf mehrere kleine Skizzen an. Der jetzige Architect der Stadt Leiden, Herr J. W. Schaap, hatte die Güte einen Kosten-Anschlag einer solchen Sternwarte zu machen, und das Resultat seiner Rechnung war, dass die Errichtung des Gebäudes ungefähr 90000 Gulden erfordern würde.

Die sämmtlichen Beiträge zur Gründung einer Sternwarte in Leiden beliefen sich auf etwa 30000 Gulden und war dies nur ein Viertel der dem Anschlage nach erforderlichen Summe, doch reichten dieselben völlig hin zur Bestätigung, dass das niederländische Volk die Erbauung einer Sternwarte in Leiden wünschte. Als die Sache der Sternwarte während ein Paar Jahren wenig vorwärtsgekommen war, wurde, in der Mitte des Jahres 1856, Herr Dr. G. Simons Minister des Innern, ein Schüler des Professors Moll, der sich in seiner Jugend besonders mit der Astronomie beschäftigt hatte und sich ohne Mühe von der Nützlichkeit einer Sternwarte und einer blühenden Astronomie für ein seefahrendes Volk überzeugte. Kurz nach seinem Amtsantritt trug der Herr Minister Simons die zur Errichtung einer Sternwarte in Leiden erforderliche Geldsumme in das Staats-Budget ein, aber die Entscheidung wurde durch traurige politische Verhältnisse verzögert und erst im Monat Mai des Jahres 1857, als der Herr Simons schon vom Ministerium abgegangen war, wurde die Errichtung einer Sternwarte in Leiden durch die Genehmigung der Volksvertretung gesichert. Durch den Abgang des Ministers Simons verlor die Sternwarte das seltene Glück unter einem Minister gestiftet zu werden, welcher, als Astronom, mit deren Auforderungen genau bekannt war.

Nachdem eine Summe zur Errichtung einer Sternwarte in Leiden ausgesetzt war, verlief, aus mir durchaus unbekannten Ursachen, mehr als ein ganzes Jahr, bevor dieselbe zur Ausführung kam. In diesem Zeitraum fand ein Ereigniss statt, wodurch meine Wirkungsphäre, und damit auch die der Leidner Sternwarte, eine sehr beträchtliche Ausbreitung erhielt. Am Ende des vergangenen Jahrhunderts wurde in den Niederlanden eine Meeres-Längen-Commission angestellt, zu deren ersten Mitgliedern van Swinden und Nieuwland gehörten, welche durch mehrere wichtigen Schriften zur Ausbildung der niederländischen Seeleute sehr kräftig mitgewirkt haben. Als diese Commission während eines halben Jahrhunderts bestanden, aber seit längerer Zeit sehr wenig von sich hatte hören lassen, wurde sie unerwartet gänzlich aufgehoben. Die See-Officiere zeigten sich beständig mit den Instrumenten der Marine sehr unzufrieden und es ist nicht zu verkennen, dass dafür nicht die erforderliche Sorge getragen wurde. Am Ende des Jahres 1857 forderte der damalige Marine-Minister, Herr J. S. Lotsy, mich auf, die Sorge für die Instrumente und mehrere wissenschaftliche Angelegenheiten der niederländischen Marine auf mich zu nehmen und mit Freude habe ich dieser Aufforderung Genüge geleistet, in dem Bewusstsein, dass meine Bestrebungen auf diesem neuen Felde für mein Vaterland nicht unfruchtbar sein würden. Die Sternwarte in Leiden sollte das Depôt aller Instrumente der niederländischen Marine werden, welche nicht in Reparatur oder in Gebrauch auf Schiffen sind und mit dem Anfange des Jahres 1858 wurden diese Instrumente dorthin gebracht. Erst nach der Erbauung der neuen Sternwarte war es möglich, die Instrumente der niederländischen Marine von den übrigen gänzlich zu trennen und dafür einen besonderen und sehr geeigneten Saal einzurichten. Als die Ausführung aller der mit meiner neuen Verpflichtung verbundenen Arbeiten sich für mich allein bald unmöglich zeigte, wurde mein verdienstvoller Sohn Dr. P. J. KAISER als mein Adjunct für die Angelegenheiten der Marine angestellt und während dieser die zeitraubende Untersuchung und Rectification der Instrumente auf sich nahm, blieb mir selbst die Leitung und die Administration des Ganzen, so wie die Führung des Briefwechsels, und die Ertheilung der von mir verlangten Berichte über die wissenschaftlichen Angelegenheiten der Marine. Es war unsere erste Sorge, die am meisten vollkommenen nautischen Instrumente bei der niederländischen Marine einzuführen, deren Instrumente bald eine gänzliche Umgestaltung erlitten. Wir hatten für alle Reparaturen und Ankäufe der Instrumente der niederländischen Marine und Kolonien und deren stetige Verbesserung zu sorgen und führten bald mehrere Anordnungen ein, um die Genauigkeit der Instrumente zu sichern. Jedes Instrument wird, unmittelbar nach seinem Ankauf oder seiner Reparatur genau geprüft, und diese Prüfung wird, mit einer genauen Rectification, für jedes Instrument wiederholt, wenn es einem Schiffe übergeben werden soll. Die Fehler eines jeden Reflexions-Instrumentes werden, für die verschiedenen Grössen der gemessenen Winkel, genau bestimmt und im Kasten eines jeden dieser Instrumente wird ein Verzeichniss seiner Fehler festgeklebt. Kein Chronometer wird für die niederländische Marine angekauft, ehe es seine Güte bei einer Prüfung von wenigstens einem halben Jahre erwiesen hat. Für jedes Chronometer, das einem Schiffe übergeben werden soll, wird eine Formel berechnet, welche den Einfluss der Zeit und der zwei ersten Potenzen der Temperatur auf seinen Gang ausdrückt, und jedem Chronometer wird eine solche Formel mit einer Prüfung seines Ganges an demselben, mitgegeben. Von der Leidner Sternwarte aus werden regelmässig telegraphische Zeitsignale zu den Häfen von Helder, Amsterdam, Hellevoetsluis und Vlissingen geschickt, zur Prüfung der Chronometer in den dort befindlichen Schiffen. Die Marine erhält vom Personal der Sternwarte die Zeitbestimmung, welche doch nicht fehlen darf, und sonst versieht mein Sohn die genannten Geschäfte, unter meiner Aufsicht und meiner Mitwirkung ganz selbständig, doch er arbeitet mit Freude und Liebe, in der Ueberzeugung, dass seine Thätigkeit nicht fruchtlos ist.

Nach dieser unvermeidlichen Abschweifung kehre ich zu der Stiftung der neuen Sternwarte in Leiden zurück. Als der Herr Minister SIMONS von den Abgeordneten befragt wurde über das Ziel, welches er mit der von ihm vorgeschlagenen Stiftung zu erreichen wünschte, erklärte er ausdrücklich, dass er damit besonders die Stiftung einer Staats-Anstalt zur Ausübung und Förderung der Astronomie bezweckte, die an einer grossen Universität in's Leben gerufen werden solle, um die Ausbildung der Studirenden in der Astronomie zu erleichtern. Unter der Voraussetzung, dass die neue Sternwarte eine Staats-Anstalt sein würde, ist die erforderliche Geldsumme von der Volksvertretung bewilligt, und obschon daher die Anweisung dieser Summe eine besondere Stelle im Staatsbudget erforderte, wurde sie in den Kosten-Anschlag der Bedürfnisse der Leidner Universität aufgenommen. Dies hatte zur Folge, dass der neue Minister die Erbauung der Sternwarte dem Curatorium der Leidner Universität übertrug und dem Architecten freies Spiel gelassen wurde. Bei dem Bau der Sternwarte hat man mich bisweilen zu Rathe gezogen, aber eine entscheidende Stimme wurde mir keineswegs zuerkannt. Für die Einrichtung des Ganzen ist man meinen, im Jahre 1854 herausgegebenen, kleinen Skizzen gefolgt, aber diese enthielten durchaus keine ausgearbeiteten Entwürfe und liessen die Ausführung der einzelnen Theile ganz unentschieden. Diese Ausführung wurde dem Architecten überlassen, dessen Ansichten über die Anforderungen einer Sternwarte von den meinigen gänzlich verschieden waren. Ich lasse es unentschieden, ob meine Ansichten den Vorzug verdienten, aber ich muss alle Verantwortlichkeit von mir abweisen für die Ausführung mehrerer Theile der Sternwarte, womit ich mich durchaus nicht einverstanden erklären konnte, von denen ich besonders die Form und die Einrichtung der Drehthürme, so wie das sehr grosse Gewicht und die Anordnung der Meridianklappe zu nennen habe. Hätte ich meine Ansichten befolgen können, so hätte ich, wie diess üblich ist, eine Reise gemacht, um die neuesten Sternwarten zu besuchen und deren Einrichtungen, so wie die Erfahrungen und Rathschläge ihrer Directoren für die in Leiden zu erbauende Sternwarte zu benützen. Besonders hätte ich mich so früh wie möglich mit Astronomen und einem Künstler über die zweckmässigste Einrichtung des Meridian-Kreises verständigt, um dessen Dimensionen, Eigenschaften und Hülfsapparate, bei der Errichtung des Gebäudes, in Betracht ziehen zu können. Eine Resolution des Ministers vom 14. Juli 1857 untersagte es mir aber, über die neuen Instrumente in Unterhandlung zu treten, bevor die Entwürfe des Gebäudes vollendet und festgestellt sein würden. Diess verhinderte die von mir gewünschten zeitigen Berathungen über den Meridian-Kreis und hatte zur Folge, dass der Meridiansaal zum Theil auf das Geradewohl eingerichtet werden musste. Die Folgen des Umstandes, dass das Hauptinstrument dem Gebäude angepasst werden musste, sind nicht zu verkennen, aber glücklicherweise doch nicht so nachtheilig, als zu befürchten schien.

Als Grundstück für die neue Sternwarte hatte ich eine Wiese in der Nähe der Stadt gewählt, welche dazu sehr geeignet schien. Der Eigenthümer und der Miether dieser Wiese forderten aber zu ungeheure Geldsummen und diess scheint mitgewirkt zu haben, dass der Anfang des Baues mehr als ein Jahr verzögert wurde. Im Monat November des Jahres 1857 forderte das Curatorium mich auf, zu erklären, ob ein bestimmter Theil des botanischen Gartens sich zu der Anlage der Sternwarte eignete und ich konnte es nicht leugnen, dass die Sternwarte dort unter gewissen Bedingungen eine sehr gute Lage erhalten würde. Als man demzufolge entschlossen war, zur Errichtung der Sternwarte, einen Theil des botanischen Gartens abzusondern, haben sich zu meinem Schmerze meine sämmtlichen Collegen diesem Entschluss widersetzt, aber es blieb die Ansicht der Regierung, so wie des Curatoriums, dass der botanische Garten das für die Sternwarte erforderliche Stück ohne Schaden entbehren könnte.

Am 1. October des Jahres 1858 wurden die ersten Arbeiten zum Bau der Sternwarte angefangen und am 1. Januar des Jahres 1859 waren die 1500 langen Pfähle, welche das Gebäude tragen sollten, in den Boden eingerammt. Zwei Monate nachher war die tiefe gemauerte Fundirung des ganzen Gebäudes vollendet; inzwischen hatte man auch beschlossen, dass die Sternwarte einen zweiten Refractor, und also auch eine zweite Drehkuppel, erhalten sollte. Im Monat März des Jahres 1856 erhielt ich die Erlaubniss, die Unterhandlungen mit dem Künstler über die neuen Instrumente aufzufangen, aber obschon die Summe, welche für die Errichtung der Gebäudes genehmigt war, den Anschlag des Herrn Schaap sehr beträchtlich überstieg, wurde ich sehr strenge an die, nur schätzungsweise angegebene, Summe für die Instrumente gebunden. Da diese Summe noch verringert wurde durch Ausgaben, worauf ich nicht hatte rechnen können, mussten die Instrumente nach den früheren Preisverzeichnissen bestellt werden und war es nicht möglich dabei Vervollkommnungen anbringen zu lassen, welche einige besondere Ausgaben erfordert haben würden. Ich wünschte, dass das Gebäude, dessen Kosten den früheren Anschlag so sehr überstieg, wenigstens mit einem neunzölligen Refractor ausgestattet werden möchte, aber ich musste mich mit einem siebenzölligen begnügen. Dieser Refractor wurde bei den Herrn G. Merz & Söhnen bestellt, und konnte keine vollkommenere als die gewöhnliche Münchner parallatische Aufstellung erhalten. In Bezug auf die Erwerbung des Meridian-Kreises war es mir schwer, zwischen den Herren Repsold und Pistor & Martins zu entscheiden, und ein berühmter Astronom, welchen ich um seinen Rath bat, hat mir nicht geantwortet. Ich entschied mich für die Herren Pistor & Martins, nicht nur, weil dadurch eine nicht unbeträchtliche Geldsumme gespart werden konnte, sondern auch weil diese Herren die Ablieferung des Instrumentes in spätetens anderthalb Jahren versprachen. Obschon ich niemals einen einzigen Tag auf mich warten liess, hat es doch noch bis zum Monat August gedauert, bevor die Contracte über die Lieferung der Instrumente zwischen der Regierung und den Künstlern geschlossen waren.

Der Bau der Sternwarte rückte so rasch vorwärts, dass schon im Sommer des Jahres 1860 das Ganze vollendet war. Die Fundirung des Meridian-Kreises und die Pfeiler der beiden Refractoren waren aufgemauert, bis zu dem Fussboden der Locale, wo diese Instrumente aufzustellen waren. Im Monat Juli des Jahres 1860 wurde mit dem Transport der Instrumente von der alten Sternwarte zu der neuen ein Anfang gemacht und am 18. Sept. ward der sechszöllige Refractor im kleineren Drehthurme der neuen Sternwarte aufgestellt. Im Monat August bezog ich die Director-Wohnung der neuen Sternwarte, um desto besser die Vorbereitungen zur Aufnahme der Hauptinstrumente leiten zu können. Auf meine Bitte war mir zugestanden, dass bei diesen Vorbereitungen meine Ansichten in Betracht gezogen werden mussten, der Beschränkung der Geldmittel wegen hatte ich aber mit grossen Schwierigkeiten zu kämpfen und musste öftern das Billigste wählen, obschon es nicht das Beste war. Glücklicherweise waren die Künstler mit mir darüber einverstanden, dass von Backsteinen aufgemauerte Pfeiler, den weit kostspieligern Monolithen vorzuziehen seien. Die fünf Pfeiler im Meridiansaal waren, am Ende des Monats September 1860, vollendet, und kurz nachher war dies auch der Fall mit dem Pfeiler für den siebenzölligen Refractor, dessen unterer Theil gemauert wurde und wovon nur der kleine obere Theil aus einem Quader besteht. Im Monat Februar 1861 war das grosse Glashaus, worin der Meridian-Kreis sich sollte verschliessen lassen mit den Eisenbahnen im Meridiansaale, auf denen sich dieses Glashaus, der Umlege-Bock und die Nadir-Tribüne sollten bewegen lassen, vollendet. Die beiden Meridianzeichen, auf ungefähr 300 Fuss Entfernung, wozu Herr C. A. STEINBEIL, für einen sehr billigen Preis, zwei schöne Linsen mit Öffnungen von drei Zoll geliefert hatte, wurden erst im Monat Mai des Jahres 1862 fertig.

Am 9. März des Jahres 1861 kam der siebenzöllige Refractor in Leiden an, aber eines Mangels der Drehkuppel wegen, konnte er erst am 15. Juni aufgestellt werden, was ohne Schwierigkeit gelang. Am 20. April 1861 erhielt ich den Meridian-Kreis, welcher mit grosser Sorgfalt, in zahlreichen Kisten verpackt war, denen jedoch die Herren PISTOR & MARTINS nicht die mindeste Anweisung über seine Aufstellung hinzugefügt hatten. Ich stiess auf um so grössere Schwierigkeiten, als die Befestigung der starken Metallstücke, welche die Gegewichte von 55 Kilogr. zu tragen hatten, für Monolithen und nicht für aus Backsteinen aufgemauerte Pfeiler berechnet war. Unter der talentvollen und eifrigen Mitwirkung meines Sohnes Dr. P. J. KAISER, der sich um die neue Leidner Sternwarte höchst verdient gemacht hat, ist aber die Aufstellung des Meridian-Kreises, welche schon am 29. April beendigt war, vollkommen gelungen und das Instrument hat, weder durch den Transport noch durch seine Aufstellung, das mindeste gelitten.

Zur Zeit meiner ersten Entwürfe im Jahre 1834 hatte ich unter die erforderlichen neuen Instrumente keinen Registrir-Apparat aufgenommen, weil es damals noch unentschieden war, ob die Registrir-Methode in Europa Beifall finden würde. Als bei der Errichtung der neuen Leidner Sternwarte, die Registrir-Methode ihrer Vortrefflichkeit wegen schon an mehreren Europäischen Sternwarten eingeführt war, bat ich nunmehr, aber vergebens, um einen solchen Apparat und kam jedes Jahr, wiewohl mit nicht besserem Erfolge, auf dieses Bedürfniss der Leidner Sternwarte zurück. Im Jahre 1863 wurde beschlossen, dass die Niederlande sich an der Europäischen Gradmessung betheiligen sollten und in Folge dessen die Leidner Sternwarte beauftragt, für den astronomischen Theil der dazu erforderlichen Arbeiten zu sorgen. Für die Längenbestimmungen war die Anschaffung eines Registrir-Apparates nothwendig und im Jahre 1866 konnte ich denselben, sogar in grosser Vollständigkeit, erwerben. Die

Sternwarte erhielt eine Pendel-Uhr mit einem Stromunterbrecher, einen Registrir-Apparat und drei galvanische Uhren von Herrn KNOBLICH in Altona, später auch noch einen tragbaren Registrir-Apparat von den Herren MAISER und WOLF in Wien. Zur gehörigen Benützung dieser Apparate habe ich, nicht ohne beträchtliche Mühe, Drahtleitungen durch die Sternwarte geführt, aber leider wurden sie zu spät erhalten um bei einer umfangreichen Unternehmung, welche als Hauptaufgabe der Sternwarte gestellt war, angewandt werden zu können.

Meines schon vorgerückten Alters und der grossen Zahl von nutzlos vorübergegangenen Jahren wegen, hatte ich sehr gewünscht, die neue Sternwarte gleich nach ihrer Vollendung in gehörige Thätigkeit bringen zu können; aber dies war nicht möglich, indem es an Geldmitteln und Personal fehlte. Das Curatorium liess der Sternwarte als Lehranstalt zur jährlichen Verwendung die Summe von 480 Gulden und dies war für die Lehrthätigkeit hinreichend, aber vom Staate erhielt die Sternwarte, für alle ihre Bedürfnisse als Anstalt zur Ausübung der Wissenschaft, einen Betrag von nur 300 Gulden jährlich. Es ist klar dass diese Summe um so weniger ausrichtete, als die neue Sternwarte mehrere Einrichtungen erforderte, worauf im Voraus nicht hatte gerechnet werden können, als ausserdem die zahlreichen Instrumente der alten Sternwarte gehörig in der neuen aufgestellt und die vernachlässigten Instrumente früherer Zeit einer kostspieligen Reinigung unterzogen werden mussten, wenn sie die neue Sternwarte nicht verunstalten sollten. Meine oft wiederholte Bitte um eine Erhöhung der Staats-Zulage blieb, obschon sie kräftig vom Curatorium unterstützt wurde, ganz erfolglos, aber das Curatorium kam auf's Neue zu Hülfe, indem es, im Jahre 1864, die Zulage aus der Universitäts-Casse auf 700 Gulden erhöhte.

Die Einrichtung der neuen Sternwarte in Leiden, so wie deren Instrumenten Sammlung, war auf zwei Observatoren berechnet und jeder Astronom wird zugeben, dass deren gehörige Benützung auch wenigstens zwei Observatoren erforderte. Ich habe auch, gleich nach der Vollendung der Sternwarte, um die Anstellung eines zweiten Observators, aber ganz vergebens, gebeten. Einer der ausgezeichnetsten meiner Schüler, Herr H. G. VAN DE SANDE BAKHUYSEN, der damals in Leiden studirte, entschloss sich, kurz nach der Vollendung der Sternwarte, die für den zweiten Observator eingerichteten Wohnzimmer zu beziehen und, ohne Gehalt oder Anstellung, so viel es seine Zeit erlaubte, die Pflichten eines Observators zu erfüllen. Herr VAN DE SANDE BAKHUYSEN zeigte eine ganz ausserordentliche Liebe für die Wissenschaft und Befähigung für die Astronomie und seine Beobachtungen mit dem Meridiankreise versprachen grosse Leistungen dieses Instrumentes, wenn es in seinen Händen bleiben könnte. Ich habe alles, was mir möglich war, angewandt, um Herrn VAN DE SANDE BAKHUYSEN durch eine Anstellung als Observator, der Leidner Sternwarte und der Astronomie zu erhalten, aber alle meine Bemühungen in dieser Richtung blieben erfolglos. Herrn VAN DE SANDE BAKHUYSEN wurde bald eine sehr schöne Stelle an der höheren Bürgerschule im Haag angetragen, welche er nicht ablehnen konnte, und im Monat Juli des Jahres 1862 verliess er, zu meinem grössten Bedauern, die Sternwarte. Jetzt ist Herr VAN DE SANDE BAKHUYSEN Professor der Physik an der polytechnischen Schule in Delft und ich fürchte es sehr, dass er keine Gelegenheit mehr finden wird, sich der Astronomie zu widmen.

Um die Mitte des Jahres 1863, als Herr VAN DE SANDE BAKHUYSEN schon längst Leiden verlassen hatte, entschloss man sich endlich wieder zu der Anstellung eines zweiten Observators, aber es waren auch schon längst ungünstige Verhältnisse eingetreten, welche das Leben der Astronomie an der Leidner Universität dergestalt beeinträchtigt haben, dass sie hier nicht unerörtert bleiben dürfen.

Im Jahre 1863 wurde im Königreich der Niederlande ein langst vorbereitetes und einige Zeit vorher bekannt gemachtes Gesetz eingeführt, das die gänzliche Umgestaltung des mittleren Unterrichtes bezweckte. Es wurde in sehr kurzer Zeit eine grosse Zahl höherer Bürgerschulen gegründet, welche sehr viele Lehrer der Mathematik und der Naturwissenschaften bedürfen, deren Gehalte beziehungsweise sehr hoch gestellt wurden. Da der Grad eines Doctors, sogar derjenige eines Candidaten, die Befähigung zu einer Anstellung an einer höheren Bürgerschule mit sich brachte, und bei uns die Studien nicht an eine bestimmte Zeit gebunden sind, beeilten sich die Studirenden, so rasch wie möglich einen der genannten Grade zu erwerben, wodurch ihr Aufenthalt an der Universität auf drei oder höchstens vier Jahre abgekürzt wurde und das Studium der Astronomie sich gewöhnlich auf das Anhören meiner Vorlesungen, während nur zweier Jahre, beschränkte. Keiner der Studirenden erlaubte sich den Zeitaufwand, welchen ein tieferes Eindringen in die Astronomie und die Uebung in der Beobachtungskunst erfordert. Die schönen Einrichtungen und Hülfsmittel zur Uebung in der praktischen Astronomie, welche die neue Leidner Sternwarte darbot, blieben daher fast gänzlich unbenutzt und das Bedürfniss an Lehrern der Mathematik, der Physik und der Chemie vereitelte alle meine Bemühungen, die Astronomie an der Leidner Universität, durch praktische Beschäftigung damit, zur Ausübung kommen zu lassen. Als endlich, im Jahre 1863, die Anstellung eines zweiten Observators beschlossen war, gab es mehrere meiner früheren Schüler, deren Mitwirkung mir höchst erfreulich gewesen wäre, aber diese hatten allen bei dem mittlern Unterrichte schon weit bessere Stellen erhalten, als die Astronomie ihnen überhaupt versprechen konnte. Meine damaligen Schüler, welche sich nur erst sehr kurz mit der Astronomie beschäftigt hatten, waren, mit nur einer einzigen Ausnahme, nicht geneigt sich dieser Wissenschaft zu widmen und derselben ihre schönen Aussichten auf Anstellung beim mittlern Unterricht zum Opfer zu bringen. Nur Herr A. van Henneleer zeigte sich dazu bereit und, nachdem ich mich von seiner Befähigung zu astronomischen Beobachtungen überzeugt hatte, wurde er, im Monat September des Jahres 1863, auf meinen Vorschlag, als Observator an der Leidner Sternwarte angestellt.

Nach der Anstellung des Herrn van Henneleer war es möglich, Anordnungen, zur gehörigen Benützung der Instrumente und besonders des Meridian-Kreises, zu treffen. Bis dahin hatte dies Instrument vorzugsweise zu Planeten-Beobachtungen gedient und liessen sich diese, in noch grösserem Maassstabe fortsetzen, so konnte damit eine umfangreiche Beobachtungsreihe anderer Art verbunden werden. Ich hatte den Meridian-Kreis und seine Hülfsapparate, mit vieler Mühe und Sorgfalt, für die Schärfe der Beobachtungen eingerichtet und hoffte, dass dies Instrument dadurch kräftig zur Erfüllung einer der ersten Bedürfnisse der Wissenschaft mitwirken sollte. Unter Zustimmung eines der berühmtesten Astronomen, wurde beschlossen eine neue Fundamental-Bestimmung der vorzüglichsten Fixsterne zur Haupt-Aufgabe der Leidner Sternwarte zu machen. Die Fundamental-Bestimmungen, womit Bessel seine grossartigen Arbeiten geschlossen hat, sollte das zu befolgende Muster sein, aber es war die Absicht, die Leidner Bestimmungen über eine viel grössere Zahl von Fixsternen und dabei auch über absolute Rectascensions-Bestimmungen auszudehnen. An dieser Unternehmung ist von den Herren Kam und van Henneleer mit einem solchen Eifer gearbeitet, dass die Zahl ihrer Beobachtungen die übliche weit übertrifft, aber leider kann ich es doch nicht verbergen, dass diese Beobachtungen meinen Wünschen, Ansichten und Absichten nicht entsprechen. Aufs Höchste muss ich es bedauern, dass eine solche Beobachtungsreihe ohne Registrir-Apparat angestellt werden musste, und deshalb die Rectascensions-Bestimmungen die von mir gewünschte Genauigkeit nicht erreichen konnten. Für die Declinations-Bestimmungen fand ich grosse Schwierigkeiten in der Theilung der Kreise und der Art der Beleuchtung derselben, welche sehr sinnreich schien, doch, meinen Untersuchungen nach, die Genauigkeit der Ablesungen beeinträchtigte. In Bezug auf die Anordnung und die Anforderungen der Beobachtungen waren die Observatoren nicht gänzlich mit mir einverstanden, und es war mir nicht vergönnt, die Durchführung der Arbeit in meinem Geiste zu sichern. Am Ende des Jahres 1867 war diese Arbeit so weit fortgerückt, dass nur noch Lücken auszufüllen blieben, und ein neues Unternehmen angefangen werden konnte. Dazu wurde eine Theilnahme gewählt an der Declinations-Bestimmung der Sterne, welche bei der europäischen Gradmessung zu Breiten-Bestimmungen dienen.

Im Frühling des Jahres 1866 wurde Herr J. H. Geertsema Cz. Minister des Innern und damit ging die Leidner Sternwarte einer besseren Zukunft entgegen. Der neue Minister verschaffte ihr eine jährliche Staatszulage von 1000 Gulden und gab Hoffnung auf die von mir längst gewünschte Erhöhung der Gehalte der Observatoren und auf die Gewährung der Geldmittel zur Herausgabe von Annalen der Sternwarte. Herr Geertsema ist schon nach wenigen Monaten vom Ministerium wieder abgegangen, aber sein Nachfolger, der Herr Minister J. Heemskerk Az., hat die Geldsummen, welche die Sternwarte noch bedurfte, in das Staatsbudget eingerückt, und da dieselbe von den Abgeordneten genehmigt sind, meine ich auf deren Fortbestand hoffen zu können. So sind allmählig die grossen Schwierigkeiten aufgehoben, womit ich während eines Zeitraumes von zwei und vierzig Jahre zu kämpfen hatte. Einmal werden sich auch die Folgen der früheren Beschwerden überwinden lassen, und wenn die Leidner Sternwarte die Unterstützung der Regierung behalten wird, deren sie sich jetzt zu erfreuen hat, so wird ein Fehlen ihrer Leistungen nur ihrem Personale zur Last fallen [1]).

## E. AUFZÄHLUNG DER AN DER LEIDNER STERNWARTE AUSGEFÜHRTEN VERÖFFENTLICHTEN UND NICHT VERÖFFENTLICHTEN ARBEITEN.

Schon vor vielen Jahren hat ein berühmter Astronom den Wunsch ausgesprochen, dass die damals noch allein von mir selbst angestellten Beobachtungen der Leidner Sternwarte, deren Endresultate sehr zerstreut veröffentlicht waren, vollständig, in einem Bande vereinigt, herausgegeben würden. Es war mir unmöglich und es wird mir wohl immer unmöglich bleiben, diesem Wunsche Genüge zu leisten, und es kam mir daher geeignet vor, an dieser Stelle die Schriften nachzuweisen, wo die Resultate der seit meinem Auftreten in Leiden angestellten Beobachtungen veröffentlicht sind. Ich kann und will es nicht verbergen, dass meine eigenen astronomischen Untersuchungen und Beobachtungen mich keineswegs befriedigen und weit hinter meinen früheren Hoffnungen und Erwartungen zurück geblieben sind. Doch habe ich mein Leben in einer immerwährenden Unruhe und grossen Anstrengungen hingebracht und in dem Bewusstsein, dass ich den Vorwurf, unthätig gewesen zu sein, nicht verdiene, erlaube ich mir auf die übrigen Arbeiten hinzuweisen, welche ich auszuführen hatte und welche meine Beobachtungen nicht nur immer sehr beeinträchtigten, sondern sogar öfters, während grosser Zeiträume, durchaus unmöglich machten. Ich bin von dem Princip ausgegangen, dass die Astronomie nicht meines kleinen Vaterlandes, aber dass mein Vaterland der Astronomie bedürfe, und alle meine Bestrebungen waren dahin gerichtet, die Astronomie und ihre Wohlthaten in meinem Vaterlande zu fördern. Diesen Bestrebungen habe ich alles und vielleicht zu viel zum Opfer gebracht, und darunter die astronomischen Arbeiten, womit ich mich vorzugsweise beschäftigt haben würde und wodurch ich mir vielleicht einigen Namen hätte erwerben können. Der Unterricht in der Astronomie an der Leidner Universität hat, während eines grossen Theiles meines Lebens, mir fast den ganzen

---

[1]) Mehrere Einzelnheiten aus der Geschichte der Leidner Sternwarte in den letzten Jahren finden sich in den Jahres-Berichten, welche ich dem Curatorium abzustatten habe und welche seit dem Jahre 1863 veröffentlicht worden sind und herausgegeben bei J. C. A. Sulpke in Amsterdam, unter dem Titel: *Verslag van den staat der Sterrewacht te Leiden en van de oldaer volbragte werkzaamheden*.

Tag in Anspruch genommen und diess um so mehr, als ich die dazu erforderlichen Hülfsmittel grossentheils mit eigener Hand anfertigen musste. Um die Astronomie in meinem Vaterlande bekannt zu machen, habe ich eine beträchtliche Zahl von grösseren und kleineren populären Schriften herausgegeben, ihren Abfassung, mit der Besorgung der neuen Auflagen, welche sie zum Theil erforderten, mir ganze Jahre gekostet hat. Nach Herrn UYLENBROEK's Tode hatte ich, während eines Jahres, bei meinen übrigen Geschäften, alle Pflichten eines Professors der Physik zu erfüllen und auch das Jahr 1857 ging für mich verloren, indem die Reihe an mir war, als Rector Magnificus der Leidner Universität aufzutreten. Meine Beschreibung und Abbildung des Himmels, ein Werk welches mit dem *Handbook of descriptive and practical Astronomy by George F. Chambers* viele Aehnlichkeit hat, aber diesem lange voranging, indem es in erster Auflage schon im Jahre 1845 erschien, erweckte in den Niederlanden der Astronomie eine sehr grosse Zahl von Freunden, welche sich Fernröhre verschafften und über dieselben mit mir in einen sehr zeitraubenden Briefwechsel traten. Im Interesse dieser Dilettanten habe ich eine sehr grosse Zahl Fernröhre untersucht und dabei in dem Zeitraum zwischen den Jahren 1846 und 1864, ein populäres astronomisches Jahrbuch herausgegeben. Aeusserst zeitraubend war stets die Sorge für die Instrumenten-Sammlung der Leidner Sternwarte, an deren Ausbreitung ich immer mitarbeiten musste und deren Reinigung und Unterhaltung ich, wie sonderbar es scheinen mag, selbst noch am heutigen Tage, weil ich keinen Mechaniker in meiner Nähe habe, mit eigener Hand besorgen muss. Mehrere Jahre meines Lebens sind grossentheils in Anspruch genommen von der mir, im Jahre 1849, aufgetragenen Vorbereitung und Leitung der astronomischen Ortsbestimmungen im niederländischen Indischen Archipel, worüber ich, im Jahre 1851, eine besondere Schrift herausgegeben habe [1]) und von deren undankbaren Lasten ich mich erst befreien konnte, als, im Jahre 1857, Herr OUDEMANS, auf meinen Vorschlag, als Haupt-Ingenieur angestellt war. Seit dem Jahre 1858 wurden meine Geschäfte sehr vermehrt durch die Sorge für die Angelegenheiten der niederländischen Marine und dass ich in dieser Beziehung nicht unthätig war, mögen auch die zahlreiche, von mir herausgegebenen, Aufsätze über diese Angelegenheiten erweisen [2]). Es ist klar, dass auch die Errichtung und Organisation der neuen Sternwarte mit ihren unzähligen Schwierigkeiten mich sehr in Anspruch genommen haben müssen und dass ebenso die Längen-Bestimmungen für die europäische Gradmessung einen grossen Zeitaufwand erforderten. Unter allen diesen Geschäften hatte ich immer mit Kränklichkeit und öfters mit heftigen Leiden zu kämpfen. So hat mir immer die zu astronomischen Beobachtungen und Untersuchungen erforderliche Zeit und Ruhe gefehlt und sind meine Leistungen unbefriedigend, so mögen mich die Umstände, worunter ich gelebt habe, wenigstens zum Theil, entschuldigen.

Von meinen unbedeutenden, als Observator angestellten Beobachtungen, ist nichts veröffentlicht,

---

[1]) *De sterrekundige plaatsbepaling in den Indischen Archipel en de maatregelen tot hare voorbereiding genomen.* Amsterdam, J. C. A. BULFER, 1851.

[2]) Meine veröffentlichte Aufsätze über die Angelegenheiten der niederländischen Marine finden sich in der holländischen Zeitschrift: *Verhandelingen en berigten betrekkelijk het zeewezen* von JACOB SWART und in der neueren vom Marine-Ministerium herausgegebenen Zeitschrift: *Mededeelingen betreffende het zeewezen*. Diese Aufsätze betreffen die Zeitsignale der Marine, die von mir derselben eingeführten künstlichen Horizonte, Patent-Reflexions-Instrumente von PISTOR & MARTINS und von mir erfundenen Fluid-Compasses, mit deren besonderen Visir- und Beleuchtungsvorrichtung. In der genannten Zeitschrift sind auch mehrere meiner, auf den Wunsch des Marine-Ministers, abgestatteten Berichte veröffentlicht. Dazu gehören: Berichte über den Pelorus-Compass, über den Controle-Compass des Barons VON WEDEL-JARLSBERG, über eine Modification des Spiegel-Sextanten vom Herrn L. JANSE Bz. in Amsterdam und zwei Berichte über die zwei Bände des grossen Werkes über Schifffahrtskunde vom Marine Lieutenant Ritter D. J. BADUWEN. Auch hat der Herr Minister in der letztgenannten Zeitschrift meine beiden letzten Jahres-Berichte, über die Verification der Instrumente der niederländischen Marine, abdrucken lassen.

als eine Zahl von Sternbedeckungen und eine daraus, von mir abgeleitete, Bestimmung der Länge von Leiden, in den *Memoirs of the Astronomical Society Vol X* und ein von mir beobachteter Mercurs-Durchgang und Saturn-Bedeckung, welche Professor Moll, in den *Astr. Nachr.* n°. 229 bekannt machte. Meine, in meiner Wohnung angestellten, Beobachtungen des Halley'schen Cometen sind veröffentlicht im holländischen Wochenblatte *Konst- en Letterbode*, Jahrgang 1835 n°. 38, 44, 53 und Jahrgang 1837 n°. 20, 21 und 22 und eine kurze Notiz darüber ist in den *Astr. Nachr.* n°. 299 eingerückt. Die Beobachtung der Sonnenfinsterniss vom 15. Mai 1836, ebenfalls in meiner Wohnung angestellt, kommt vor im *Konst- en Letterbode* Jahrgang 1836 n°. 26. Die von mir, nach meinem Auftreten, an der alten Sternwarte angestellten Beobachtungen sind, ausser in den zwei schon genannten, in den Jahren 1838 und 1840 besonders herausgegebenen, Schriften, folgendermaassen in Zeitschriften veröffentlicht. Fixstern- und Planeten-Bedeckungen: *Konst- en Letterbode* 1839 n°. 10, 14, 40, 52; 1840 n°. 5; 1841 n°. 41 und *Astr. Nachr.* n°. 391, 432, 463, 1457. Planeten-Beobachtungen: *Astr. Nachr.* n°. 617, 618, 644, 681, 867 und in der Zeitschrift des niederländischen Instituts, Band II. Cometen-Beobachtungen: *Konst- en Letterbode* 1840 n°. 6 und 9; 1842 n°. 47 und 48; 1843 n°. 20; in der Zeitschrift des nied. Instituts, Band I und II; in mehreren Nummern der Leidner Zeitung und in den *Astr. Nachr.* n°. 409, 463, 497, 499, 500, 502, 565, 572, 576, 617, 618 und 867. Meine, mit dem Faden-Mikrometer angestellten Doppelsternmessungen, finden sich, ausser in der schon genannten Schrift, in der Zeitschrift des nied. Instituts, Jahrgang 1844 und *Astr. Nachr.* n°. 409, 463, 467, 472 und 1519. Messungen und Untersuchungen über den Saturnringen, finden sich in der Zeitschrift der nied. Acad. von Wissensch. Band III, V und VI [1]). Meine ersten Untersuchungen mit dem Airy'schen Doppelbild-Mikrometer wurden, im Jahre 1857, von der nied. Academie in einer besonderen Schrift herausgegeben [2]) und einige Resultate daraus finden sich in den *Astr. Nachr.* n°. 1070. Spätere Untersuchungen über dieses Instrumente sind in den *Monthly Not. of the Royal Astr. Soc.* Band XXVI n°. 5 und die Resultate der Ausmessung von 29 Doppelsternen, sowohl mit dem Airy'schen, als mit dem Faden-Mikrometer, sind in dieselbe Zeitschrift, Band XXVI n°. 9 aufgenommen. Die Resultate meiner Ausmessung des Planeten Mars, bei der Opposition im Jahre 1862, sind in der Zeitschrift der nied. Acad. Band XV und *Astr. Nachr.* n°. 1468 veröffentlicht, aber meine weitere Untersuchungen über diesen Planeten, so wie viele, mit beiden Mikrometern von mir angestellten Messungen, konnten bis jetzt nicht veröffentlicht werden. Meine Beschäftigungen mit der Sternwarte gaben mir öftern Veranlassung zu besonderen Untersuchungen, wovon einige veröffentlicht sind und sich in den folgenden Zeitschriften finden lassen. Eine Untersuchung über Huygens astronomische Beobachtungen, nach dessen hinterlassenen Handschriften, in der Zeitschrift des nied. Instituts Band I und eine Untersuchung über dessen Fernrohr-Objective, in derselben Zeitschrift, Jahrgang 1846. Die Beschreibung eines, von mir erfundenen, Prismenkreises, welcher es vielleicht nicht verdient hat, so gänzlich vergessen zu werden,

---

[1]) Bis zum Jahre 1847 wurde vom Kön. niederländischen Instituts eine Zeitschrift herausgegeben, welche in Jahrgänge abgetheilt war und den Titel führte: *Het Instituut of verslagen en mededeelingen, uitgegeven door de vier klassen van het Koninklijk Nederlandsch Instituut van Wetenschappen, Letterkunde en Schoone Kunsten*. Im Jahre 1847 fing die erste Classe des Institutes die Herausgabe einer besonderen Zeitschrift an, welche in Bände abgetheilt wurde und den Titel erhielt: *Tijdschrift voor de Wis- en Natuurkundige Wetenschappen, uitgegeven door de eerste klasse van het Koninklijk Nederlandsch Instituut van Wetenschappen, Letterkunde en Schoone Kunsten*. Nach der Aufhebung des Kön. nied. Institutes und der Stiftung der Kön. Academie der Wissenschaften im Jahre 1853, gab die letztgenannte eine Zeitschrift heraus, welcher Titel ist: *Verslagen en mededeelingen der Koninklijke Academie van Wetenschappen*. Diese Zeitschrift wurde in Bände abgetheilt und im Jahre 1863 fing eine zweite Reihe dieser Bände an.

[2]) *Eerste onderzoekingen met den mikrometer van Airy, volbragt op het Observatorium der Hoogeschool te Leiden*. Uitgegeven door de Koninklijke Academie van Wetenschappen. Amsterdam, C. G. van der Post, 1857.

findet sich im *Konst- en Letterbode* 1842 n°. 30 und, abgekürzt, in den *Astr. Nachr.* n°. 499. Eine neue Methode zur Untersuchung von Glas-Prismen, Zeitschrift des nied. Inst. Band III. Eine neue Anwendung vom Princip der Nonien auf die Zeit, daselbst Band V. Die Beschreibung eines Apparates zur absoluten Bestimmung von persönlichen Fehlern, in der Zeitschrift der nied. Acad. Band XVII und die Beschreibung eines neuen Apparates zu demselben Zwecke, in derselben Zeitschrift, 2te Reihe Band II. Ungeheuere Fehler der Schraube des Faden-Mikrometers des neuen siebenzölligen Münchener Refractors gaben mir Veranlassung zu einer Untersuchung über Schrauben-Fehler, welche, wie ich glaube, zu nicht ganz unwichtigen Resultaten geführt hat, und in die letztgenannte Zeitschrift, 2te Reihe, Band I, aufgenommen ist. Eine Untersuchung über den Gang der Haupt-Uhr der neuen Sternwarte, findet sich in den *Astr. Nachr.* n°. 1502. Ich muss hierbei bemerken, dass die Beschreibung von merkwürdigen Objecten des Himmels, welche im früher genannten grösseren Werke vorkommen, grossentheils auf meinen eigenen Beobachtungen beruht.

Als Herr J. A. C. OUDEMANS, im Monat März des Jahres 1853, als Observator an der Leidner Sternwarte angestellt wurde, hatte er sich schon, durch zwei veröffentlichte Schriften, als Astronom bekannt gemacht. Eine dieser Schriften wurde veröffentlicht im Programm des Leidner Gymnasiums vom Jahre 1852, und enthielt eine Beschreibung und Abbildung des REPSOLD'schen Universal-Instrumentes, welches ich für die astronomischen Ortsbestimmungen in Ost-Indien bestellt hatte und gab die Mittheilung mehrerer damit angestellten schönen Untersuchungen. Die andere Schrift war die, im Jahre 1852 herausgegebene, Inaugural-Dissertation des Herrn OUDEMANS, welche, ausser mehreren theoretischen Betrachtungen, eine sehr grosse Zahl von Beobachtungen enthielt, welche Herr OUDEMANS mit dem kleinen tragbaren Passagen-Instrumente der Sternwarte angestellt hatte und woraus eine genaue Bestimmung der Polhöhe und der Declinationen von 101 Fixsternen hervorgegangen war [1]. Herr OUDEMANS hat nur während dreier Jahre als Observator an der Leidner Sternwarte gearbeitet und im ersten Jahre hatte er noch seine frühere Stelle, als Lehrer der Mathematik am Leidner Gymnasium, zu versehen. Ueberblickt man in General-Register der *Astron. Nachr.* die sieben langen Columnen, worin die, in dieser Zeitschrift veröffentlichten, Resultate seiner dreijährigen Arbeiten angegeben sind, so wird man mir beistimmen, wenn ich seine Thätigkeit beispiellos nenne. Bei der Zusammenstellung der von Herrn OUDEMANS an der Leidner Sternwarte ausgeführten Arbeiten, ist es mir ein Bedürfniss, die Lust und den Eifer zu erwähnen, womit er Alles angriff und meisterhaft ausführte, was ich ihm vorgeschlagen hatte, und sich überdiess anderen wichtigen Arbeiten widmete. Mit tiefer Wehmuth und innigem Dankgefühl gedenke ich des dreijährigen Zeitraums, während welches Herr OUDEMANS mein Mitarbeiter war, und seine Liebe für die Wissenschaft, so wie seine theuere Freundschaft mich ungemein beglückte.

Die von Herrn OUDEMANS, als Observator in Leiden, angestellten Beobachtungen, sind in den folgenden Schriften veröffentlicht. Sternbedeckungen: *Astron. Nachr.* n°. 836, 868, 926 und 994. Erscheinungen bei den Jupiters-Trabanten: *Astr. Nachr.* n°. 926, 995 und 1013. Planeten-Beobachtungen: *Astr. Nachr.* n°. 868, 869, 885, 889, 891, 900, 912, 915, 926, 948, 959, 960, 992, 993, 994, 995, 1009 und 1014. Cometen-Beolmchtungen: *Astr. Nachr.* n°. 885, 889, 891, 900, 931, 061, 993, 999 und 1009. Beobachtungen von veränderlichen Sternen: *Astr. Nachr.* n°. 1009 und 1015. Herr OUDEMANS hat seine schätzbaren zweijährigen Beobachtungen von veränderlichen Sternen vollständig bekannt gemacht, in einer besonderen Schrift, welche, im Jahre 1856, von der nied. Academie der

---

[1] *Disertatio astronomica inauguralis, exhibens observationes, ope instrumenti transitorii portabilis institutas, auctore* J. A. C. OUDEMANS. *Lugduni-Batavorum. Apud* P. H. VAN DEN HEUVELL, 1852.

Wissenschaften herausgegeben ist [1]). Beobachtungen besonderer Art des Herrn OUDEMANS sind in den *Astr. Nachr.* n°. 868, 889, 948 und 951 veröffentlicht. Ausser der Reductionen, welche seine zahlreichen Beobachtungen erforderten, hat Herr OUDEMANS viele Rechnungen und Untersuchungen über Planeten- und Cometen-Bahnen ausgeführt. Die Resultate seiner Untersuchungen über Planeten-Bahnen finden sich in den *Astr. Nachr.* n°. 858, 864, 879, 889, 891, 901, 910, 919, 921, 963, 968 und 992; in der Zeitschrift *Konst- en Letterbode*, 1854, n°. 33 und 34 und in der Zeitschrift der Acad. der Wissensch. Band III und V. Von diesen Untersuchungen des Herrn OUDEMANS verdient seine strenge und vollständige Bahnbestimmung der Proserpina einer besonderen Erwähnung. Untersuchungen über Cometen-Bahnen des Herrn OUDEMANS finden sich in den *Astron. Nachr.* n°. 891, 912, 951, 964 und 966; in der Zeitschrift *Konst- en Letterbode* 1854 n°. 26, 29 und 30 und in der Zeitschrift der Acad. der Wiss. Band III. Herr OUDEMANS hat seine genaue Untersuchung über die Bahn des merkwürdigen von D'ARREST, am 27 Juni 1851, entdeckten Cometen in einer besonderen Schrift bekannt gemacht, welche im Jahre 1854 von der nied. Acad. der Wissensch. herausgegeben ist [2]). Seine Ableitung der Dimensionen und der Axenstellung des Mars, aus BESSEL's Messungen, findet sich in den *Astr. Nachr.* n°. 838.

Ich habe noch eine, nicht veröffentlichten Arbeit des Herrn OUDEMANS zu erwähnen. Im Jahre 1854 schlug ich Herrn OUDEMANS vor, für jeden der damals bekannten teleskopischen veränderlichen Sterne, eine kleine Karte anzufertigen, mit deren Hülfe derselbe sich mit einem Fernrohre von mässiger Grösse leicht würde finden lassen, in der Meinung, dass solche Karten die Beobachtung der genannten Gestirne sehr erleichtern und fördern würden. Herr OUDEMANS griff mit gewohntem Eifer, sogleich auch diese Arbeit an und, als er im Jahre 1856 Leiden verliess, übergab er mir zwanzig vollendete dieser kleinen Karten. Zu meinem Bedauern haben die späteren Observatoren meinem Wunsche, dass sie diese Arbeit fortsetzen möchten, nicht entsprochen. Im Jahre 1860 wurde in den *Monthly Not. of the R. Astr. Soc.* (Band XX Seit. 143) bekannt gemacht, dass Herr POGSON an D'. LEE's Sternwarte dieselbe Arbeit unternommen hatte und damit schon ziemlich weit fortgerückt war. Herr POGSON wurde, kurz nachher, zum Director der Sternwarte in Madras ernannt und über die Fortsetzung seiner Arbeit habe ich keine Nachrichten auffinden können.

Herr HOEK, der, im Monat August des Jahres 1856, an der Leidner Sternwarte, die Stelle des Herrn OUDEMANS erhielt, hatte früher eine genaue Untersuchung über die Bahn des Cometen III 1855 angestellt, welche in n°. 1035 der *Astr. Nachr.* veröffentlicht ist, und im Monat October des folgenden Jahres gab er seine Inaugural-Dissertation heraus, über die Bahnen der Cometen von 1556, 1264 und 975 und deren angeblichen Identität, wovon die Resultate auch in den *Astron. Nachr.* n°. 1053, 1060 und 1078 aufgenommen sind. Seine bis Juli 1859, wo er Leiden verliess, angestellten Beobachtungen, sind an folgenden Orten veröffentlicht. Sternbedeckungen: *Astr. Nachr.* n°. 1070, 1097 und 1457. Erscheinungen bei den Jupiters-Trabanten: *Astr. Nachr.* n°. 1070 und 1458. Planeten-Beobachtungen: *Astr. Nachr.* n°. 1070, 1096, 1097, 1121, 1122, 1139, 1187 und 1206. Cometen-Beobachtungen: *Astr. Nachr.* n°. 1097, 1140, 1186 und 1187. Beobachtungen der Algols-Minima des Herrn HOEK finden sich in den *Astr. Nachr.* n°. 1070 und 1458 und des veränderlichen R. Piscium in n°. 1097. Herr HOEK hat die Rechnungen des Herrn OUDEMANS, über die Bahn der Proserpina, fortgesetzt und darüber in den *Astr. Nachr.* n°. 1139 und 1207 eine Mittheilung gegeben.

[1]) *Zweijährige Beobachtungen der meisten jetzt bekannten veränderlichen Sterne* von J. A. C. OUDEMANS. *Aus den Abhandlungen der mathematisch-physischen Classe der königlich Niederländischen Academie von Wissenschaften.* Amsterdam. C. G. VAN DER POST, 1856.
[2]) *Mémoire sur l'orbite de la comète périodique découverte par M.* D'ARREST *le 27 Juin 1851 par* J. A. C. OUDEMANS. *Publié par l'Académie Royale des Sciences à Amsterdam.* Amsterdam, C. G. VAN DER POST, 1854.

Bei der Anstellung des Herrn KAM als Observator, im Monat Juli des Jahres 1859, war der Bau der neuen Sternwarte schon so weit fortgerückt, dass sie im folgenden Jahre bezogen werden konnte. Die Veröffentlichung seiner noch in der alten Sternwarte angestellten Beobachtungen wurde durch die Umstände verzögert und fand dann auf einmal statt. Man findet die von ihm beobachteten Sternbedeckungen: *Astr. Nachr.* n°. 1457. Erscheinungen bei den Jupiters-Trabanten: *Astr. Nachr.* n°. 1458. Planeten-Beobachtungen: *Astr. Nachr.* n°. 1443 und 1444. Beobachtungen des Cometen III 1860: *Astr. Nachr.* n°. 1443, 1444 und 1446. Beobachtungen der Algols Minima: *Astr. Nachr.* n°. 1458.

Während eines Jahres, nachdem die neue Sternwarte bezogen war, blieben die Beobachtungen ungeändert, indem die zwei neuen Instrumente erst im Herbste des Jahres 1861 aufgestellt und für die Beobachtungen fertig sein konnten. Ich hatte mir selbst die Beobachtungen mit dem siebenzölligen Refractor vorgenommen und entschloss mich, so viel die Fortsetzung seiner Studien es erlauben würde, sich dem Meridian-Kreise zu widmen. Noch vor dem Ende des Jahres 1861 hatte Herr VAN DE SANDE BAKHUYZEN eine schöne Bestimmung der Polhöhe der Sternwarte durch den Polaris vollendet, worüber ich eine Mittheilung in der Zeitschrift der nied. Acad. der Wiss. Band XIII, gegeben habe. Herr VAN DE SANDE BAKHUYZEN hat, bis zu seinem Abgange im Monat August des Jahres 1862, die Meridian-Beobachtungen von Planeten und Cometen angestellt und die Resultate dieser Beobachtungen sind in den *Astr. Nachr.* n°. 1447 veröffentlicht. Die von Herrn VAN DE SANDE BAKHUYZEN angestellten Meridian-Beobachtungen der Sonne und der Fixsterne konnten bisher nicht veröffentlicht werden und dasselbe gilt leider auch von seinen Untersuchungen, über die Biegung beim Meridian-Kreise, welche nur zum Theil aufgenommen sind in seiner Inaugural-Dissertation über diesen Gegenstand, welche Herr VAN DE SANDE BAK-HUYZEN am 21 April 1863 öffentlich vertheidigte.

Nach dem Abgang des Herrn VAN DE SANDE BAKHUYZEN, war Herr KAM für die Beuützung zweier Hauptinstrumente allein da, und mit beiden Instrumente zugleich konnte er keine umfangreichen Beobachtungsreihen unternehmen. Herr KAM hat, seit August 1862, die Meridian-Beobachtungen von Planeten fortgesetzt und im Herbste desselben Jahres wurde ihm und mir, durch die Mars-Opposition, eine Gelegenheit zu besonderen Arbeiten geboten. Herr KAM sollte, so viel die Umstände es erlaubten, die von Herrn WINNECKE vorgeschlagenen Meridian-Beobachtungen, und dabei die von Herrn GILLISS empfohlenen Differenz-Beobachtungen mit dem sechszölligen Refractor zur Bestimmung der Parallaxe des Planeten auf sich nehmen und ich wollte, mit dem siebenzölligen Refractor, die Untersuchungen über die physische Beschaffenheit, über die Rotationszeit und über die Dimensionen des Planeten anstellen, wozu die damalige Opposition sich besonders eignete. Ich habe eine kurze Nachricht über diese gemeinschaftliche Arbeit im XV. Bande der Zeitschrift der nied. Acad. der Wiss. und in n°. 1468 der *Astr. Nachr.* gegeben. Nachher zeigte es sich mir, dass die Mikrometer-Beobachtungen des Herrn KAM verfehlt, aber dessen Meridian-Beobachtungen sehr gut gelungen waren, weshalb ich die letztgenannten in den *Astr. Nachr.* n°. 1468—9 veröffentlichte. Herr Prof. NEWCOMB in Washington hat die Beobachtungen des Herrn KAM zu seiner Ableitung der Sonnenparallaxe aus den sämmtlichen damaligen Meridian-Beobachtungen des Planeten aufgenommen, und es zeigte sich dabei, dass die Leidner Beobachtungen an Genauigkeit den Pulkowaer-Beobachtungen fast gleich kamen und alle übrigen übertrafen. Von meinen damaligen Untersuchungen über den Planeten Mars konnte bis jetzt nur das Resultat, welches ich für die Rotationszeit erhielt, veröffentlicht werden.

Nach der Anstellung des Herrn VAN HENNEKELER, am Ende des Jahres 1863, liess sich eine Anordnung zur gehörigen Benützung der Hauptinstrumente der Sternwarte treffen. Es wurde beschlossen, dass der sechszöllige Refractor zu Gelegenheits-Beobachtungen verschiedener Art, zur Aufsuchung von lichtschwachen Planeten und Cometen und zur Beobachtung dieser Gestirne, wenn sie im Meridian nicht sichtbar sind, angewandt werden sollte. Mit dem Meridian-Kreise sollte die Beobachtung der Planeten, und besonders der kleinen Planeten, fortgesetzt und dabei ununterbrochen an den schon genannten Fundamental-Bestimmungen gearbeitet werden, wozu die regelmässige Meridian-Beobachtung der Sonne gehörte. Die Endresultate der an der neuen Sternwarte angestellten Gelegenheits- und sehr zahlreichen Planeten-Beobachtungen sind regelmässig in den *Astron. Nachr.* veröffentlicht. Man findet die Beobachtungen von Stern-Bedeckungen und Erscheinungen bei den Jupiters-Trabanten in n°. 1437, 1458, 1498, 1586 und 1656. Ortsbestimmungen von Planeten und Cometen, mit dem Refractor, in n°. 1443, 1444, 1445, 1446, 1464, 1498, 1542, 1586 und 1656. Meridian-Beobachtungen von Planeten und Cometen, in n°. 1447, 1460, 1491, 1516, 1552, 1580, 1607 und 1641. Eine Mittheilung des Herrn van Hennekeler, über seine Beobachtung einer merkwürdigen Feuerkugel, ist in der Zeitschrift der nied. Acad. der Wiss. 2er Reihe, Band II aufgenommen. Mit dem siebenzölligen Refractor sind von meinem Sohne, Dr. P. J. Kaiser, viele merkwürdige photographische Untersuchungen angestellt, worüber ich eine kurze Nachricht, in der obengenannten Zeitschrift, Band XVI, gegeben habe und welche er selbst weiter erörtert hat in seiner, am 24. Juni des Jahres 1862, vertheidigten Inaugural-Dissertation, über die Anwendung der Photographie auf die Astronomie. Zu meinem Bedauern hat mein Sohn nachher diese Untersuchungen aufgeben müssen.

Aus den obigen Angaben ist ersichtlich, dass ich zur Veröffentlichung der in Leiden angestellten Beobachtungen fast immer meine Zuflucht zu den *Astronomischen Nachrichten* genommen habe und dass diese Zeitschrift fast das einzige Depôt der genannten Beobachtungen ist. Ich bin dem berühmten und hochverehrten Herausgeber der *Astronomischen Nachrichten* den grössten Dank dafür schuldig, dass er so viele Bogen seiner Zeitschrift der Leidner Sternwarte gewidmet hat, und gestehe es, dass ohne dessen Güte eine grosse Zahl der daselbst angestellten Beobachtungen nutzlos gewesen sein würde. Indessen erlaubte der Raum der *Astron. Nachr.* die Veröffentlichung der Original-Beobachtungen nicht und haben sich an der Leidner Sternwarte Beobachtungen, welche sich zur Veröffentlichung in einer Zeitschrift gar nicht eignen, in grosser Menge angehäuft. Einige dieser Beobachtungen erfordern zu kostspielige Abbildungen, andere sind der Art, dass selbst ihre Resultate einen zu grossen Raum erfordern würden und noch andere würden keine Bedeutung haben, ohne die Veröffentlichung der Original-Beobachtungen, welche ganze Bände anfüllen können. Zu den an der neuen Leidner Sternwarte angestellten Beobachtungen, welche sich bisher nicht veröffentlichen liessen, gehören:

1° die Abbildungen und Untersuchungen des Herrn Dr. Kam, über die physische Beschaffenheit des Cometen II. 1861:

2° meine zahlreichen Abbildungen des Planeten Mars und meine Untersuchungen über die physische Beschaffenheit und die Rotationszeit dieses Planeten, angestellt bei dessen Oppositionen in den Jahren 1862 und 1864:

3° meine Messungen mit dem Airy'schen Doppelbild-Mikrometer, über die Dimensionen der Planeten:

4° meine Messungen von Doppelsternen, angestellt mit dem Airy'schen und mit dem Faden-Mikrometer:

5° die Untersuchungen über Biegung, Theilungsfehler und einige Eigenschaften des Meridiankreises, woran mehrere Beobachter sich betheiligten:

6° die vermischten Meridian-Beobachtungen der Sonne und der Fixsterne, in den Jahren 1861 bis 1864, von den Herren van de Sande Bakhuyzen und Kam angestellt. Dazu gehören drei Breiten-Bestimmungen der Sternwarte, ausgeführt von Herrn Dr. Kam, nämlich 1" in 1862 mit $x$ *Urs. Min.* 2° in 1863 mit $\delta$ *Urs. Min.* 3° in 1864 mit $x$ *Urs. Min.*

7° die sehr zahlreichen, seit dem Jahre 1864, von den Herren Kam und van Hennekeler angestellten Meridian-Beobachtungen der Sonne und der Fixsterne, welche zu den unternommenen Fundamental-Bestimmungen gehören.

Als endlich, um die Mitte des Jahres 1867, eine Geldsumme zum Anfange der Herausgabe von Annalen der Leidner Sternwarte ausgesetzt war, war es für mich sehr schwierig, zu entscheiden, welche Beobachtungen, aus der vorliegenden grossen Menge, zuerst herausgegriffen werden mussten. Die dazu ausgesetzte Summe reichte zur der Herausgabe des Ganzen nicht hin, und wäre sie dazu auch hinreichend gewesen, so hätte doch bei den geringen Arbeitskräften der Sternwarte diese Herausgabe mehrere Jahre erfordert. Es hat schon seine grossen Schwierigkeiten, die Beobachtungen eines Jahres, wenn diese so zahlreich, wie die Leidner sind, innerhalb eines Jahres herauszugeben und, indem die Beobachtungen doch fortgesetzt werden mussten, schien es jetzt kaum mehr möglich, das Rückständige nachzuholen. Wäre die regelmässige Veröffentlichung ihrer Beobachtungen der Leidner Sternwarte gleich nach ihrer Vollendung zur Pflicht gemacht, so wäre von selbst ein gehöriges Verhältniss zwischen Beobachten und Berechnen eingetreten, aber da ich, während sechs Jahren fruchtlos um diese Veröffentlichung bat, hatte ich es nicht in meiner Gewalt, dieses Verhältniss herzustellen. Es wurde zu viel beobachtet und zu wenig berechnet, und die immer unangenehme und langweilige Reduction der Beobachtungen kam daher sehr in den Rückstand. Die anfänglichen Schwierigkeiten bei der Herausgabe wurden auch dadurch sehr vergrössert, dass es, um die Herausgabe des Ganzen einmal zu ermöglichen, nothwendig war, den ersten Band in höchstens etwa einem Jahre zu vollenden und in demselben Beobachtungen mehrerer Jahre aufzunehmen. Endlich entschloss ich mich, mit den Beobachtungen anzufangen, deren Herausgabe die grössten Schwierigkeiten darbot, nämlich mit den, unter n° 7 erwähnten, seit dem Jahre 1864 angestellten Meridian-Beobachtungen. Da aber diese Beobachtungen nicht weniger zahlreich, als die Greenwicher sind, hätte die ausgesetzte Summe nur für die Beobachtungen eines einzigen Jahres hingereicht, wenn ich dieselben in der gewöhnlichen Ausführlichkeit hätte herausgeben wollen. Ich entschloss mich daher von den beobachteten Fäden-Antritten nur den auf den Mittelfaden reducirten Durchgang und von den Ablesungen der Mikroscope, nur ihr auf den Meridian reducirtes Mittel zu veröffentlichen, und ich glaubte, dass dieses Zusammenziehen nicht schaden würde, indem die dazu erforderlichen Reductions-Elemente doch keine Aenderung erleiden könnten. Als aber der erste Band der Annalen herausgegeben werden sollte, war selbst mit diesen Reductionen noch kaum ein Anfang gemacht, indem die Observatoren erklärten, dass die Reduction der in den *astronomischen Nachrichten* veröffentlichten Planeten-Beobachtungen ihre Zeit zu sehr in Anspruch genommen hätte. Mit Genehmigung des Herrn Ministers, sind den Observatoren zwei Rechner beigegeben, von welche jeder, vom Monat Juli 1867 ab, täglich während einiger Stunden an den genannten Reductionen mitgearbeitet hat und so ist es mir ermöglicht, die endlich ausgesetzte Summe zur Herausgabe aller Meridian-Beobachtungen, welche zu den Fundamental-Bestimmungen gehören und in den Jahren 1864, 1865, 1866, 1867 und 1868 angestellt sind, zu benutzen. Es ist klar, dass diesen Beobachtungen alle Elemente ihrer künftigen weiteren Reduction hinzugefügt werden mussten, und ich hatte sehr gewünscht, dass noch eine Columne mit den schon berechneten Refractionen aufgenommen wäre, doch liess sich dies nicht erreichen. Es ist in jetziger Zeit wohl etwas ungewöhnliches nur theilweise reducirte Beobachtungen zu veröffentlichen, aber man wird zugeben, dass die Ableitung der Endresultate, aus den hiesigen Meridian-Beobachtungen, doch nicht möglich gewesen wäre, bevor die ganze Beobachtungsreihe geschlossen war, und welche Schwierigkeiten mit dieser Ableitung verbunden sind, ergiebt sich auch daraus, dass trotz Bessel's Sorge für die Reduction seiner Beobachtungen, die Bestimmung der Declinationen der 48 von ihm beobachteten Sterne, erst eilf Jahre nach seinem Tode beendigt war. Hoffentlich wird ein folgender Band der Annalen die Ableitung der Resultate aus den jetzt veröffentlichten Beobachtungen enthalten.

Als die Herausgabe von Annalen der Leidner Sternwarte beschlossen war, war es für mich auch eine nicht unwichtige Frage, welche Sprache dabei gewählt werden sollte. Meine Arbeit würde mir gewiss sehr erleichtert gewesen sein, wenn ich meine Muttersprache hätte anwenden können, doch erschien diess, wegen der geringen Bekanntschaft des Auslandes mit derselben, unthunlich. Die Geschichte der Astronomie an der Leidner Universität möchte freilich für das Ausland nur wenig Bedeutung haben, die veröffentlichten Beobachtungen aber erforderten viele Erläuterungen, deren Abfassung in der holländischen Sprache den Zweck, welchen zu erfüllen diese Beobachtungen angestellt sind, fast gänzlich vereitelt hätte. In früheren Zeiten wurden wissenschaftliche Werke, wie die Annalen einer Sternwarte, in der lateinischen Sprache herausgegeben, aber da diess Mittel, den allgemeinen wissenschaftlichen Verkehr zu erleichtern, nicht mehr angewandt wird, ist es nur den Astronomen grösserer Staaten vorbehalten, sich ihrer Muttersprache bedienen zu können. Bei den gebildeten Ständen in den Niederlanden ist die Bekanntschaft mit der englischen, französischen und deutschen Sprache sehr allgemein und wurden die Annalen in einer dieser Sprachen herausgegeben, so hatte ich nicht zu befürchten, dass dieselben dadurch für meine eigenen Landsleute unverständlich bleiben würden. Ich habe die deutsche Sprache gewählt, nicht nur, weil jetzt die Mehrzahl der europäischen astronomischen Schriften in dieser Sprache herausgegeben wird, sondern auch, um dadurch meine Dankbarkeit auszudrücken für das Wohlwollen, mit welchem besonders die deutschen Astronomen mich als einen Bruder aufgenommen haben. Seine Excellenz der Minister des Innern hat meinen Ansichten in dieser Beziehung beigestimmt und ich hoffe auf die Nachsicht meiner deutschen Fachgenossen, wenn sie bei der Handhabung ihrer Sprache vieles zu verbessern finden werden [1]).

Hiermit schliesse ich meine Geschichte der Astronomie und der Sternwarte in Leiden, deren Ausführlichkeit zu gross kann scheinen für den Standpunkt, welchen diese Wissenschaft dort eingenommen hat. Ich glaubte aber, dass eine ziemlich vollständige Darlegung der früheren Vorgänge, deren Mehrzahl nur mir bekannt sein konnte, für eine künftige Blüthe der Astronomie in Leiden, wenn nicht nothwendig, doch sehr nützlich sein würde und ich habe mich daher dieser, in vieler Beziehung höchst unangenehmen, Arbeit unterzogen, ohne dafür einigen Dank zu erwarten. Ich habe die Astronomie in Leiden nicht zu einer Stufe bringen können, welche meinen Wünschen und früheren Hoffnungen entspricht, doch ich hoffe gezeigt zu haben, dass es für meinen Nachfolger weit leichter sein wird zu vollenden, als es für mich war vorzubereiten und anzufangen. Fehlte ich in der Auffassung und in der Erfüllung meiner Pflichten, desto mehr wird meine Hoffnung begründet sein, dass nach meinem Hinscheiden die Astronomie in Leiden eine Blüthe erreichen wird, welche sich zu der jetzigen verhält, wie diese zu der Blüthe, worin ich dieselbe bei meinem Auftreten gefunden habe.

1) Nachdem ich das Obenstehende geschrieben hatte, hatte Herr Dr. E. Gerland aus Cassel, der Mitarbeiter meines geehrten Collegen der Physik Herrn Prof. P. L. Rijke, die grosse Gefälligkeit, seine Hülfe anzubieten, um mein Manuscript durchzusehen und, wo es nöthig sein möchte, meine Sprache zu verbessern. Ich habe dieses Anerbieten dankbar angenommen und Herr Dr. E. Gerland hat nicht nur mehrere Wörter, welche nicht glücklich gewählt waren, abgeändert, sondern auch mehrere Fehler verbessert. Ich sage dem Herrn Doctor dafür hier öffentlich meinen verbindlichsten Dank.

# BESCHREIBUNG DER NEUEN STERNWARTE IN LEIDEN.

Die neue Sternwarte in Leiden ist noch innerhalb des Bezirkes der Stadt erbaut, aber ganz an der südwestlichen Grenze derselben, an einer Stelle, wo sich früher eine Bastion der Festung befand und welche zuletzt zum botanischen Garten der Universität gehörte. Die Lage der neuen Sternwarte, auch in Beziehung auf das Universitäts-Gebäude und die frühere Sternwarte, wird in der Situations-Zeichnung, Tafel I, Figur 7, dargestellt. Diese Zeichnung ist grossentheils der grossen Karte von Leiden entnommen, welche vom Ingenieur W. J. van Campen entworfen, und im Jahre 1850 herausgegeben ist. Das zu der neuen Sternwarte gehörige Grundstück ist aber von mir selbst ausgemessen und in die Zeichnung eingetragen. Alle Gebäude, welche nicht zur Universität gehören und daher auch nicht vereinzelt in der Zeichnung dargestellt wurden, sind durch einfache, und alle Gebäude der Universität durch doppelte Schraffirung angedeutet. A ist das Universitäts-Gebäude und dabei bezeichnet $a$ den Ort des Thurmes mit der Uhr, $b$ den Ort der Wendeltreppe, worüber früher die Drehkuppel war und $c$ die Stelle, wo anfangs das grosse Telescop, später die kleineren Instrumente aufgestellt waren. B ist meine frühere Wohnung, in der jetzt die Bilder-Gallerie der Universität Platz gefunden hat. C, D und E sind Theile des botanischen Gartens, welcher sich früher zur linken Seite bis zum Wasser erstreckte, aber jetzt vom eisernen Stacket $def$ begränzt wird. Das Universitäts-Gebäude liegt an der Gracht[1]) F, der sogenannten *Rapenburg*, einer der Hauptstrassen der Stadt. Dieselbe biegt bei G nach Osten ab, ihre Verlängerung aber bildet die schmalere Gracht H, welche zu der neuen Sternwarte führt. Am Ende der letztgenannten ist der Eingang einer schönen, mit Eichenbäumen bepflanzten Allée I, welche auf die Sternwarte gerichtet und theils von eisernem Stacket, theils von schmalen Canälen eingefasst ist. Bei ihrem Eintritt in die Gracht kann diese Allée durch ein sich in der Begrenzungsmauer befindendes eisernes Gitterthor und mit ihr das ganze Grundstück der Sternwarte abgeschlossen werden. Die Allée führt zu dem nördlichen Theil K des Grundstückes der Sternwarte und ihre Verlängerung ist ein chaussirter Weg, welcher die Sternwarte auch für Fuhrwerke zugänglich macht. An der Südseite der Sternwarte M ist der abgeschlossene Garten L. Das Grundstück der Sternwarte ist grossentheils begränzt vom breiten Canale N N N, welcher die ganze Stadt umgiebt und früher zu deren Festungswerken gehörte. An der anderen Seite des Canales N N N zieht sich der lange, mit Bäumen bepflanzte Weg O O O hin, ein sehr beliebter Spaziergang der Einwohner Leidens. Jenseits desselben erblickt man Villen, Wiesen und Ackerländer.

Bevor die Sternwarte erbaut war, hatte das Grundstück, welches sie trägt, noch die Form der

---

[1]) So nennt man in Holland die Strassen, deren Mitte von breiten, auf beiden Seiten meist mit Bäumen bepflanzten, vielfach überbrückten Canälen eingenommen wird.

früheren Bastionen und die Grenzen des botanischen Gartens verliefen so, wie dies in der Figur durch die punktirten Linien angedeutet wird. Die Bastion, welche, bevor sie zum botanischen Garten gehörte, ein Kirchhof gewesen war, erhob sich beträchtlich über den Wasserspiegel des umgebenden Canals und, um Baugrund zu gewinnen, grub man vom ganzen Grundstücke bis noch etwas zur Rechten von dem Stacket $def$ ein Meter Erde ab und füllte damit einen Theil des Canales N N N aus. Also erhebt sich ein Theil des Gebäudes, wie auch aus der Figur ersichtlich ist, auf einer Stelle, wo früher Wasser war.

An der Süd-und Westseite ist die Aussicht aus der Sternwarte so frei, dass man vom zweiten Stockwerke aus mehrere entfernte Städte, wie Rotterdam, den Haag und Delft, erblicken kann. An der Nord- und Ostseite wird die Aussicht von Gebäuden der Stadt beschränkt, aber nirgendwo erheben diese sich so hoch, dass sie im geringsten den Beobachtungen schaden könnten. Durch ihre Lage ist die Sternwarte vor Erschütterungen bewahrt. Die Eisenbahn ist weit entfernt und die Fuhrwerke in der Stadt werden nicht bemerkt. Bisweilen, aber nur am Tage, passiren Fuhrwerke die Allée O O O; doch sind dieselben durchaus nicht hinderlich.

Zu der Sternwarte gehören die zwei kleinen Gebäude $g$ und $h$, welche Meridian-Zeichen umschliessen. Das nördliche Meridian-Zeichen $g$ befindet sich im botanischen Garten, das südliche $h$ an dem mehrerwähnten öffentlichen Spaziergang. Diese Umstände machten es nothwendig, Maassregeln zu treffen, dass sich diese Meridian-Zeichen von der Sternwarte aus beleuchten lassen.

Die neue Sternwarte in Leiden, welche in den verschiedenen Figuren von Tafel II dargestellt wird, ist unter der Leitung des Herrn Architecten H. F. G. N. Camp gebaut und deren Einrichtung ist grossentheils, aber keineswegs gänzlich, meinen im Jahre 1854 herausgegebenen Skizzen entnommen. Figur 1 giebt die Ansicht der Süd-Façade des Gebäudes, nach einer Photographie, angefertigt von meinem Sohne Dr. P. J. Kaiser. Fig. 2 ist der Grundriss des Fundamentes, Fig. 3 des untern, Fig. 4 des oberen Stockwerkes. Nur die zwei Thürme erheben sich bis zu einem dritten Stockwerke. Die verschiedenen Theile des Gebäudes, welche in den verschiedenen Stockwerken über einander liegen, liegen in den Figuren, in derselben senkrechten Linie. Das ganze Gebäude ist, in der Richtung von Osten nach Westen, 87,5 Meter lang und wird, an beiden Seiten, von je einem Wohnhause begrenzt, dessen Grundfläche eine Länge von 22,2 Meter und eine Breite von 16,6 Meter hat. Das westliche, in den Figuren zur linken Hand gelegene, ist die Wohnung des Directors und das östliche die Wohnung des übrigen Personals. Die eigentliche Sternwarte, welche zwischen diesen Wohnungen liegt und damit verbunden ist, hat ein Mittelstück von zwei Stockwerken, über welches sich zwei Thürme mit Drehkuppeln erheben. Der grössere und höhere Thurm, zur Nordseite, gehörte zum ursprünglichen Entwurfe. Die Errichtung eines zweiten Thurmes wurde erst beschlossen, als die Fundirung schon weit fortgerückt war und deshalb konnte er nur an der Südseite seinen Platz finden. Der mittlere Theil der Sternwarte erstreckt sich mit seinen Thürmen, in der Richtung von Norden nach Süden, über eine Länge von 23,3 Meter und in der Richtung von Osten nach Westen über eine Länge von 15,1 Meter. Er ist an beiden Seiten durch ein einstöckiges Verbindungs-Gebäude, dessen Länge und Breite 25,1 und 7,7 Meter betragen, mit den Wohnungen in direktem Zusammenhang.

Das Fundament des Gebäudes, dessen oberer Theil in Fig. 2 gegeben ist, scheint mir eine besondere Beschreibung zu erfordern, da mir keine Sternwarte bekannt ist, deren Fundirung mit der der Leidener übereinkommt. Das Gebäude ruht nämlich auf ungefähr 1500, im Boden eingerammten, hölzernen Pfählen von 10 bis 14 Meter Länge. Diese sehr kostspielige Fundirungs-Art ist für stärkere Gebäude in Holland üblich, und scheint daselbst, der Natur des Bodens wegen, nothwendig zu sein. Unter allen Theilen des Gebäudes, wo Mauern aufzurichten waren, welche in Fig. 2 verzeichnet sind, ist eine doppelte Reihe von Pfählen in den Boden eingerammt, welche kaum einen Meter von einauder entfernt sind. Ueber die genau nivellirten oberen Enden dieser Pfähle sind Balken gelegt und fest mit denselben verbunden, wodurch Rahmen gebildet werden, von grösserer Breite, als die Dicke der Mauern ist, welche sie zu tragen haben. Das ganze Holzwerk ist so tief gelegt, dass sein oberes Ende unter dem Spiegel des niedrigsten Wasserstandes im Sommer liegt und also immer vom Wasser befeuchtet bleibt. Ein solches Fundament kann Jahrhunderte ausdauern. Auf das hölzerne untere Fundament ist, in seiner ganzen Ausdehnung, ein steinernes Fundament aufgemauert, welches sich bis zum gewachsenen Boden erhebt und, allmählig an Dicke abnehmend, zuletzt die Dicke der Mauern des Gebäudes erreicht. Bei der Sternwarte in Leiden liegt der Fussboden des Parterres 3,55 Meter höher, als das obere Ende des hölzernen Fundamentes. Jeder der drei grossen Steinblöcke, welche Pfeiler für die grösseren Instrumente zu tragen haben, ist auf dieselbe Weise, wie die Mauern fundirt und ruht auf mehr als hundert, in den Boden eingerammten, Pfählen von 14 Meter Länge. In Fig. 2 sieht man dass grosse, von Backsteinen gemauerto Fundament A, welches die Pfeiler des Meridiankreises, im Norden und Süden Pfeiler für Collimatoren und auf der Ostseite einen Pfeiler für eine Pendeluhr trägt. Die Fundamente der Pfeiler für den grösseren und für den kleineren Refractor in beiden Thürmen, B und C, haben unten eine grosse Ausdehnung und sind abgestumpfte Pyramiden, bis zum Fussboden, wo ihr horizontaler Durchschnitt mit dem der Pfeiler selbst übereinkommt. Auf dieselbe Art ist das Fundament des kleineren Pfeilers D hergestellt, welcher, in einem oberen Stockwerke, ein grösseres Universal-Instrument von REPSOLD trägt.

Die Fundamente der Pfeiler, welche Instrumente zu tragen haben, sind sorgfältig von den Fundamenten der Mauern getrennt, und die Pfeiler selbst kommen nirgendwo mit den Fussböden oder anderen Theilen des Gebäudes in Berührung. Der Fussboden des Meridian-Saales ruht auf sehr starken Balken, welche an beiden Seiten in die Mauern eingelassen sind. Eine Treppe führt zu dem Keller unter dem Fussboden des Meridian-Saales, von wo man die Fundirung betrachten kann. Die Fussböden des Parterres unter den beiden Thürmen sind Vestibule und daher mit steinernen Platten belegt, welche nicht auf Balken, sondern auf von den Pfeilern getrennten Gewölben ruhen. Unter der Sternwarte befinden sich die Keller $a$ und $b$; unter den Wohnhäusern sind einige Keller und Küchen $c$, $d$, $e$, $f$ und $g$, $h$, $i$, $k$, welche ein Souterrain bilden. Die Fussböden der Zimmer über diesem Souterrain ruhen auf Balken, welche in die Mauern eingelassen sind. Uebrigens sind alle Räume, zwischen den Fundamenten der Mauern, mit Sand ausgefüllt und ruhen die Balken der Fussböden auf kurzen, auf diesen Sand aufgemauerten Säulen.

Fig. 3 Tafel II giebt den Grundriss des Parterres oder des unteren Stockwerkes der Sternwarte. Die Fussböden dieses Stockwerkes liegen 3,36 Meter über dem Pegel bei Amsterdam und also 8,71 Meter über dem Spiegel der Nordsee. Das ganze Gebäude ist von einem gemauerten Pfad umgeben, über welchen die genannten Fussböden sich 0,83 Meter erheben. Von diesem Pfad ab, bis zu einer Höhe von 0,82 Meter, sind die Mauern des Gebäudes an der änneren Seite mit Sockeln bekleidet. Der Haupteingang der Sternwarte ist an der Nordseite, unter dem grösseren Thurm, bei $a$. Dieser Eingang führt zu der Vestibule A, welche eine Länge von 7,65, eine Breite von 7,65 und eine Höhe von 5,25 Meter hat. In der Mitte dieser Vestibule erhebt sich der Pfeiler, welcher den grösseren Refractor trägt. An diesem Pfeiler hängt, bei $b$, KNOBLICH's Pendeluhr mit Stromunterbrecher und von da gehen Leitungsdrähte aus, wodurch die Zeit dieser Uhr an mehrere galvanische Uhren, die sich in den verschiedenen Theilen der Sternwarte zerstreut befinden, übertragen wird. Die KNOBLICH'sche Uhr ist nur sehr langsam eintretenden Temperaturwechseln ausgesetzt, indem sie gegen alle Luftzüge geschützt ist, und die Vestibule, welche grosse Stein-Massen getrennten Gewölben ruhen, und an der Nordseite Fenster hat. In der Vestibule haben zwei grosse alte Instrumente, nämlich das im Jahre 1710 vom Admiral SCHEPERS vermachte Planetarium und das im Jahre 1782 vom Herrn VAN DE WAL vermachte Teleskop ihre Stelle erhalten. Von der Vestibule A kommt man, durch drei Glasthüren, in den Gang B und den Quergang C, welche zu den verschiedenen Zimmern und Sälen des Erdgeschosses führen. Im Gange B führt, an der westlichen Seite desselben, eine Treppe zu dem oberen Stockwerke des Gebäudes, während sich an der östlichen Seite desselben zwei Schränke befinden, von denen der eine zur Aufbewahrung mehrerer Gegenstände dient und der andere die Batterien für die Registrir-Apparate enthält. D ist der Meridian-Saal, mit den zwei Pfeilern in der Mitte, welche den Meridian-Kreis tragen, den zwei Pfeilern im Norden und Süden für die Collimatoren und dem Pfeiler im Osten zur Anhängung der Hauptuhr der Sternwarte Houwü n°. 17. Der Meridian-Saal hat eine Länge von 10,39, eine Breite von 6,75 und eine Höhe von 4,81 Meter. In demselben ist das Glashaus e angebracht, welches eine Länge von 8,00, eine Breite von 2,77 und eine Höhe von 8,03 Meter hat. Es ruht dasselbe mit eisernen Rollen auf einer Eisenbahn, welche im Fussboden des Meridian-Saales eingelassen ist, und lässt sich durch ein Triebwerk sehr leicht über den Meridian-Kreis, dessen Pfeiler und Treppen schieben. Wird mit dem Meridian-Kreise nicht gearbeitet, so ist er in diesem Glashause verschlossen und es bedarf kaum einer Minute, um das Glashaus zu öffnen und zur Seite zu schieben. Der Meridian-Saal enthält noch eine Tribüne, um die Nadir-Bestimmungen zu erleichtern, welche sich auf einer Eisenbahn bewegt und sich mittelst einer Drehscheibe im Fussboden sehr leicht und ohne jede Gefahr zwischen die Kreise des Instrumentes einschieben lässt. Dieselbe Eisenbahn und Drehscheibe dienen auch zur Anwendung des eisernen Umlege-Bockes des Instrumentes, welcher, wenn er nicht benutzt wird, in eine Ecke des Saales geschoben wird. Die Eisenbahnen sind alle im Fussboden eingelassen, so dass sie durchaus nicht hinderlich sind.

Der Meridian-Saal hat vier Fenster an der Nord- und vier an der Süd-Seite. Innen sind starke Gardinen vor diese Fenster gezogen und an der Südseite sind sie ausserdem noch, durch Aussen angebrachte Jalousien, geschützt. Es ist wider meine seitig ausgesprochenen Ansichten und Wünsche, dass die Meridian-Spalte mit zwei dieser Fenster zusammenfällt. Bei der Beobachtung niedriger Gestirne mussten nun die ganzen Fenster geöffnet werden, welche eine Breite von 1,80 Meter haben und deren Bänke 1,40 Meter niedriger, als die Achse des Instrumentes liegen. Dabei entstanden Luftzüge, welche eine ungleiche Ausdehnung der Pfeiler und dadurch eine Verstellung des Instrumentes zur Folge hatten, während sie die Reflex-Beobachtungen meistens unmöglich machten und öftern auch dem Beobachter sehr beschwerlich fielen. Das Fenster an der Südseite musste sehr oft geöffnet werden und, da es sich deshalb nicht mit Jalousien von Aussen verdecken liess, entstand bei Sonnenschein eine höchst lästige Erwärmung der Luft im Saale und zwar ganz in der Nähe des Instrumentes. Nach der Vollendung der Sternwarte hat man aus diesem Fenster die Glasscheiben weggenommen und an deren Stellen in die Rahmen hölzerne Schirme eingesetzt, auf welche an der Aussenseite Glasscheiben gemalt sind, während sie Thüre haben von gleicher Breite mit der Meridian-Spalte. Dadurch sind die zu starken Luftzüge aufgehoben, aber die ungleiche Erwärmung durch die Sonnenstrahlen nicht, und bei Sonnenschein sind Untersuchungen mit den Collimatoren unmöglich geblieben.

Für die Meridian-Spalte hat man, ausser den Thüren in den hölzernen Schirmen, welche Fenster nachahmen, in der Mauer darüber bis zum Dache an jeder Seite eine höhere hölzerne Thür angebracht, welche an der äusseren Seite so bemalt ist, dass dadurch das backsteinerne Mauerwerk nicht unterbrochen erscheint. Diese Thüren lassen sich mittelst eines eignen Mechanismus leicht öffnen und schliessen. Ueber dem Dache liegen zwei Klappen von doppelten, sehr starken Brettern, die mit Zinkplatten bekleidet sind. Erst als der Bau des Meridian-Saales fast gänzlich vollendet war, hat man mich wegen der Mechanismus zur Oeffnung und Schliessung dieser Klappen zu Rathe gezogen. Ich liess den Mechanismus anbringen, welcher vom Berliner Mechaniker FREUND erfunden, bei der Berliner Sternwarte zum ersten Male und seitdem bei fast allen später gebauten Sternwarten angewendet ist.

Der Raum zwischen dem Plafond und dem Dach des Saales war aber zu eng und das Gewicht der Klappen zu gross, um das Herstellen einer guten Einrichtung zu erlauben, doch lassen sich die Klappen ohne zu grosse Kraftanstrengung öffnen und schliessen. Ich würde für die Meridian-Klappen leichte, eiserne, mit Eisenblech überzogene Rahmen gewählt haben und bedauere es, dass man jetzt, wegen derselben grossen Gewichte, die Breite der Meridian-spalte bis auf 0,65 Meter verringern musste.

Im mittleren Theile der Sternwarte befinden sich zur ebenen Erde die zwei Zimmer F und G, (Fig. 3, Tafel 11) welche beide eine Länge von 7,20, eine Breite von 5,90 und eine Höhe von 5,05 Meter haben. F ist das Directors-Zimmer, welches als Receptions-Saal und zu mehreren anderen Zwecken benutzt wird. Zwischen ihm und dem Meridian-Saal D befindet sich das kleine Zimmer E, mit dem Pfeiler für das Universal-Instrument, wozu man aus F und auch aus D gelangen kann. Dies kleine Zimmer E wird zur Aufbewahrung verschiedener Gegenstände und besonders der Hülfsmittel zu Reflex-Beobachtungen mit dem Meridian-Kreise benützt. G ist ein Arbeitszimmer, wo alle, welche auf der Sternwarte arbeiten, Gelegenheit finden, ihre Berechnungen auszuführen. In diesem Zimmer ist die Bibliothek der Sternwarte aufgestellt, die aber, da es immer an Mitteln zur Anschaffung von Büchern fehlte, fast ganz allein aus Geschenken hervorgegangen ist. Der besonderen Güte meiner Collegen in und ausser Europa habe ich es zu verdanken, dass dieser Bibliothek die wichtigsten Annalen von Sternwarten und die unentbehrlichsten astronomischen Abhandlungen nicht fehlen, welche den letzten dreissig Jahren ihre Entstehung verdanken. In dem Zimmer G sind auch die Registrir-Apparate von KNOBLICH und von MAISER & WOLF, mit ihrem Hülfsapparaten und eine galvanische Uhr aufgestellt, und dergestalt eingerichtet, dass sich, mit Hülfe von Handschlüsseln, ihre Wirkung vollständig zeigen lässt. Von diesem Saale aus sind im Jahre 1867 die Signale zur Bestimmung des Längen-Unterschiedes zwischen Göttingen und Leiden gegeben. Das Zimmer H ist eine kleine mechanische Werkstatt, für die Reinigung der Instrumente, kleinere Reparaturen und die Anfertigung von einfachen Hülfsmitteln, welche die Arbeiten an der Sternwarte erfordern, eingerichtet. In dieser Werkstatt fehlt es keineswegs an zweckmässigen Geräthen, wohl aber an einem geschickten Mechaniker und da es in Leiden keinen einzigen Mechaniker giebt, der die erforderlichen Arbeiten für mich ausführen könnte, so haben mich die Umstände gezwungen, einen grossen Theil meiner Zeit in dieser Werkstatt, wie ein Handwerksmann, an der Drehbank oder dem Schraubstock zuzubringen. I ist ein geräumiger Hörsaal, welcher ausserdem auch für Untersuchungen und Uebungen verschiedener Art benutzt wird. In der neuesten Zeit habe ich diesen Hörsaal mit einer galvanischen Uhr, mit zwei meiner Apparate zur Bestimmung von persönlichen Fehlern und einem Handschlüssel ausgestattet, welcher, durch Leitungsdrähte, auf die Registrir-Apparate im Zimmer G wirkt. Dort findet man im Winter am warmen Ofen Gelegenheit, sich in der Beobachtung von Erscheinungen zu üben, welche diejenigen am Himmel getreu wiedergeben. Die Zimmer F, G, H und I können geheizt werden, welches mit den übrigen Theilen der eigentlichen Sternwarte nicht der Fall ist. Um den Rauch so weit als möglich von der Sternwarte abzuleiten, waren ursprünglich Canäle angelegt, welche von den verschiedenen heizbaren Zimmern unter dem Fussboden in die zwei grossen Schornsteine anliefen, welche sich in Fig. 1, an den Enden der zwei Wohnhäuser zeigen. Da aber das angewandte System nicht genügte, ist man nachher gezwungen worden, diese unterirdischen Canäle gänzlich zu verlassen. Man brachte deshalb zunächst über den Wohnhäusern die zwei kleineren Schornsteins, welche die Fig. 1 zeigt, an, und nachher konnte man es nicht umgehen, über der Sternwarte selbst, Schornsteine anzubringen, welche aber in der Figur nicht gezeichnet sind. Zu dem Parterre der Sternwarte gehört noch die Vestibule K unter dem kleineren oder südlichen Thurm, durch welche man in den Garten der Sternwarte gelangt. Dort ist, um den Durchgang nicht zu versperren, der Pfeiler für den kleineren Refractor am Fussboden in zwei Theile getheilt, welche sich weiter oben in einem Gewölbe vereinigen.

Die Wohnung L des Directors ist, durch den Meridian-Saal, die Wohnung M des übrigen Personals durch den Hörsaal mit der Sternwarte verbunden. Das Parterre der Wohnung L enthält nur Wohnzimmer für eine Familie. In der Wohnung M befinden sich die zwei Zimmer *d* und *e* für einen, und die zwei Zimmer *f* und *g* für einen anderen Observator. Die zwei Zimmer *h* und *i*, nebst Küche und Keller im Souterrain, sind für einen, und die Zimmer *k* und *l* nebst Küche und Keller im Souterrain für einen anderen Aufwärter eingerichtet.

Figur 4 auf Tafel II giebt den Grundriss des oberen Stockwerkes des Gebäudes. Da der Meridian-Saal (D Fig. 3) und der Hörsaal (I Fig. 3) nur ein Stockwerk haben, sieht man, in Fig. 4, die mit Zinkplatten belegten Dächer, über diesen Theilen der Sternwarte. Eine Treppe, welche vom Gange B Fig. 3 aus, bis zum grossen Thurm emporsteigt und oben mit einer sogenannten Laterne gedeckt ist, führt, im zweiten Stockwerke, (Fig. 4), unmittelbar zu den Hauptsälen A und B. Der Saal A enthält die Instrumente der Niederländischen Marine, welche von den Instrumenten der Sternwarte scharf getrennt und nur für mich und meinen Sohn und Adjuncten D$^r$. P. J. Kaiser zugänglich sind. Der Saal B, welcher eine Länge von 14,25 eine Breite von 10,50 und eine Höhe von 4,57 Meter hat, doch durch den Treppenraum um eine Länge von 4,38 und eine Breite von 3,30 Meter, verringert wird, ist gänzlich dazu eingerichtet, um die Sternwarte in Leiden ihrem Ziel als Lehranstalt entsprechen zu lassen. Er enthält eine grosse Zahl von astronomischen Instrumenten früherer und späterer Zeit, welche theils an den Wänden aufgehängt sind, theils auf dem Fussboden stehen, theils endlich in zwei grossen Glasschränken aufbewahrt werden. Hier findet man mehrere, für die Geschichte der Astronomie nicht unwichtige, alte Instrumente, welche seit dem Jahre 1632 für die Leidner Universität angekauft worden sind, eine grosse Zahl von Versinnlichungs-Apparaten für den Unterricht in der populären Astronomie, grossentheils von mir selbst angefertigt und eine grosse Zahl Fernröhre und andere tragbare Instrumente, welche hinreichen, um mehreren Studirenden zugleich die Gelegenheit zur Uebung in der Beobachtungskunst darzubieten.

Reflexions-Instrumente, welche sich zu Uebungen in der Beobachtungskunst so besonders eignen, lassen sich, mit den angequickten Quecksilber-Horizonten, in jedem Local anwenden. Theodoliten und Universal-Instrumente dagegen lassen keine Beobachtungen zur Uebung zu, wenn sie, mit dem Beobachter, auf demselben hölzernen Fussboden ruhen und ebenso kann alsdann die Anwendung von Fernröhren grosse Schwierigkeiten machen. Selbst die stärksten Balken biegen sich unter dem Gewichte des Beobachters und das Hin- und Hergehen anderer Personen auf dem hölzernen Fussboden, worauf ein Fernrohr steht, kann dies in unerträgliche Erschütterungen bringen. Diese Schwierigkeit wird gänzlich überwunden und man erhält, für Uebungs-Beobachtungen, auf einem hölzernen Fussboden, eine hinreichende Festigkeit, wenn man nur die Instrumente auf Balken ruhen lässt, welche, obschon sie von den äusseren Mauern des Gebäudes getragen werden, mit dem Fussboden des Beobachters nicht in Berührung kommen. Ich hatte daher gewünscht, dass in der ganzen Ausdehnung des Saales B zwischen die Balken des Fussbodens andere gelegt würden, welche die Bretter dieses Fussbodens nicht berührten und mittelst Oeffnungen in diesen Brettern zu isolirten Grundlagen der Instrumente dienen könnten. Man hat sehr bereit zwei solche isolirte Balken an der Ost-, und zwei andere ebensolche an der Westseite des Saales angebracht. Ich habe diese Balken benutzt, um an den Südost- und Südwest-Ecken des Saales B isolirte Grundlagen für Instrumente anbringen zu lassen und es hat sich gezeigt, dass sich darauf, mit einem feinen Universal-Instrumente von Pistor & Martins, sehr gut Winkelmessungen und andere Beobachtungen anstellen lassen. Es zeigt sich aus Fig. 4, dass der Saal B Fenster hat, wodurch man in nicht zu grosser Höhe jede Gegend des Himmels betrachten kann. Um die Beobachtung von hoch stehenden Gestirne vom Saale aus zuzulassen, hat dessen Plafond eine grosse Lücke, welche sich leicht wegschieben lässt. Diese Lücke ist meinen, im Jahre 1854 veröffentlichten Skizzen entnommen, aber sie ist grösstentheils nutzlos, da der Saal keine isolirten Balken in seiner Mitte hat.

An den grossen Saal B stossen die kleinen Meridian-Zimmer C und D (Fig. 4) welche eine Länge und Breite von 2,82 und eine Höhe von 4,73 Meter haben. Diese Meridian-Zimmer dienen für schon fortgerücktere Studirende zur Uebung in der höheren Beobachtungskunst und das Zimmer C ist so ausgestattet, dass es auch zu wichtigeren Beobachtungen dienen kann. Diese Zimmer sind beide mit vollständigen Meridian-Spalten versehen, während sie, wie es die Figur zeigt, durch drei grosse Fenster, zugleich Beobachtungen über einen grossen Theil des Himmels zulassen. Das Zimmer C hat einen isolirten steinernen Pfeiler, welcher sich aus dem Fundamente erhebt, und ein Universal-Instrument von G. & A. Repsold, mit Kreisen von 12 und 10 Zoll Durchmesser und einem Fernrohr von 21 Linien Oeffnung, trägt. Mit diesem Instrumente sind im Jahre 1867 die Beobachtungen zur Bestimmung des Längen-Unterschiedes zwischen Göttingen und Leiden angestellt. Das Instrument ist, wenn es nicht benutzt wird, von einem Glaskasten bedeckt, welcher sich leicht wegschieben und an der Wand aufhängen lässt. Neben demselbe befindet sich eine galvanische Uhr, welche, mittelst einer Drahtleitung, die Zeit der Knoblich'schen Uhr in der Vestibule (s Fig. 3) überträgt. Daneben hängt auch eine Taste zu Registrir-Beobachtungen, welche nach Belieben auf einen der beiden Registrir-Apparate im Arbeitszimmer (G Fig. 3) wirken kann und an der Wand ist ein Stromschliesser befestigt, wodurch die Uhren der genannten Apparate in Gang gesetzt und gehemmt werden können. Seit der Erbauung der Sternwarte ist an der Wand dieses kleinen Meridian-Zimmers die Mahler'sche Uhr aufgehängt, wozu Herr Beck in Gotha, im Jahre 1868, einen Hansen'schen Stromschliesser geliefert hat.

Weniger vollkommen eingerichtet ist das kleine Meridian-Zimmer D, indem es wegen der darunter liegenden Werkstatt keinen gänzlich isolirten Pfeiler erhalten konnte. In die Mauer sind zwei starke vom Fussboden isolirte Balken eingelassen, worauf zwei eiserne Gestelle ruhen, deren eines ein Universal-Instrument von Ertel, welches von 10 und 8 Zoll Durchmesser, das andere ein Passagen-Instrument von Ertel mit einer Oeffnung von 19 Linien trägt. In einer Ecke dieses Zimmers befindet sich eine Pendel-Uhr von Knebel und auch hier ist das Ganze darauf eingerichtet, um die Uebungen in der Beobachtungskunst leicht und angenehm zu machen.

Der Marine-Saal A Fig. 4, welcher eine Länge von 7,77, eine Breite von 7,03 und eine Höhe von 4,17 Meter hat, verdient wohl eine besondere Beschreibung. In demselben werden alle Instrumente der niederländischen Marine aufbewahrt, welche nicht in Reparatur oder in Gebrauch auf Schiffen sind. Er hat dicke Mauern und nur an der Nordseite Fenster, weshalb er nur sehr langsam Temperatur-Aenderungen erleidet und sich besonders zur Untersuchung von Chronometern eignet. Längs den östlichen und westlichen Wänden dieses Saales stehen sehr lange verdeckte Tische, auf denen die Chronometer, bisweilen 80 an Zahl, auf einer unelastischen Unterlage ruhen. An der Südseite ist ein grosser Schrank, welcher die Reflexions-Instrumente, Compasse, Fernröhre und andere Instrumente der Marine enthält. Um die Ost-, Süd- und Westseiten des Pfeilers, welcher durch diesen Saal läuft, stehen Tische mit mehreren merkwürdigen Instrumenten früherer und späterer Zeit, welche der niederländischen Marine gebühren. An der Nordseite des Pfeilers ist die Pendel-Uhr der Marine, Hohwü n°. 15, aufgehängt, mit der die Chronometer unmittelbar verglichen werden und deren Gang bestimmt wird durch Vergleichung mit der Haupt-Uhr der Sternwarte. In der Nähe der Uhr befindet sich der Monat-schlüssel, um Zeit-Signale nach den niederländischen Häfen zu geben. Am Pfeiler hängt, neben der Pendel-Uhr, ein Mahler'scher Secunden-Zähler, der 50 Schläge in 49 Secunden macht, und dessen Schläge bei den Zeitsignalen zugleich zu den Häfen von Amsterdam, Helder, Hellevoetsluis und Vlissingen auf galvanischem Wege übertragen werden. Durch die Coincidenzen dieser Schläge, mit den Schlägen der an den Häfen befindlichen Pendel-Uhren, lassen sich die, in Leiden gegebenen, Signale, sehr leicht, auf einige Hunderstel einer Secunde genau, beobachten. Auf diese Art werden die Fehler und Gänge der Pendel-Uhren in den Häfen von Marine-Offizieren bestimmt und danach, am Mittage eines jeden Tages, ein Zeitsignal gegeben, welches sich, selbst auf grosse Entfernung, von den Schiffen aus beobachten lässt. In der nordöstlichen Ecke des Marinesaals befindet sich sodann ein metallischer, mit Holz bekleideter Kasten, zur Untersuchung des Ganges von Chronometern bei verschiedenen Temperaturen. Der innere Raum dieses Kasten lässt sich durch Gasflammen auf eine beliebige Temperatur erwärmen und durch eine besondere Vorrichtung bleibt diese Temperatur, so lange man will, bis auf einen halben Grad Réaumur constant, wie sehr sich auch der Druck des Gases ändern möge.

Der Raum E Fig. 4, im zweiten Stockwerke der Sternwarte, unter der kleineren Drehkuppel, ist nichts als eine Vestibule, mit einer Treppe, wodurch man zu der kleineren Drehkuppel hinaufsteigt. Die Wohnhäuser haben, im zweiten Stockwerke, Söller und noch einige Zimmer. Im zweiten Stockwerke des östlichen Wohnhauses sind Zimmer für zwei junge Leute eingerichtet, welche Arbeiten an der Sternwarte unternehmen wollen. Diese Zimmer haben aber bis jetzt keine Bewohner finden mögen. Von den oberen Theilen der Sternwarte kann die Figur 1 auf Tafel II, verbunden mit der perspectivischen Darstellung des Gebäudes auf dem Titelblatte, welche einer von meinem Sohne Dr. P. J. KAISER verfertigten Photographie entnommen ist, einen hinreichenden Begriff geben. Es ergiebt sich daraus, dass die Säle A und B, Figur 4 auf Tafel II, von eine, mit einem Geländer umgebenen Plateforme gedeckt sind. Die grosse verschiebbare Lücke über dem Saal B ist ein Theil dieser Plateforme. Die Linien, welche man, in Figur 1, an beiden Seiten des Geländers erblickt, stellen eiserne Stangen und Ketten vor, nach Angabe des Architecten, zur Oeffnung und Schliessung der Klappen beider kleinen Meridian-Zimmer eingerichtet. Ueber der Plateforme erhebt sich ein viereckiges Gebäude, welches in Fig. 1 auf Tafel II den unteren Theil des grösseren Thurmes verdeckt, mit dem Treppenraum zwischen den Sälen A und B von Fig. 4 übereinkommt und zur Beleuchtung der Treppe mit einem Glasdach gedeckt ist. Der grössere Thurm hat zwei Stockwerke, deren unteres fest ist, während das ganze obere Stockwerk sich umdrehen lässt. Das untere Stockwerk, wovon sich ein Fenster, in der perspectivischen Darstellung auf dem Titelblatte zeigt, ist für die Bestimmung der Fehler der Reflexions-Instrumente der niederländischen Marine eingerichtet. Obschon der Thurm ein grosses Gewicht hat, lässt er sich mit hinreichender Leichtigkeit umdrehen, aber die Form, welche dem Dache gegeben ist, erlaubte nicht Klappen anzubringen, welche sich mit grosser Leichtigkeit hätten öffnen und schliessen lassen. Die Spalte wird von einem sehr schweren gebogenen hölzernen, mit Zink gedeckten, Schieber verschlossen, welcher durch eine Kette mit grossem Kraftaufwande aufgezogen und niedergelassen werden muss. Doch liesse sich noch ein System von Gegengewichten anbringen, wodurch das Aufziehen des Schiebers sich sehr erleichtern lassen würde. Der Architect hat, oben auf dem Thurme, einen Deckel mit einer Spitze und einer Windfahne angebracht, der durch einen besonderen Mechanismus geöffnet werden muss, wenn man Sterne in der Nähe des Zeniths beobachten will. Diese und andere Einrichtungen der Leidner Sternwarte mögen auch bei der Athener Sternwarte vorkommen, welche in FÖRSTER's *Allgemeiner Bauzeitung* (Jahrg. XI, Heft V) abgebildet ist, ich bezweifele es aber sehr, ob es einen Astronomen giebt, welcher dieselben zweckmässig nennen könnte. Der kleinere Drehthurm ist ganz, wie der grössere eingerichtet. Die grössere Drehkuppel, welche den 7 zölligen Refractor enthält, hat einen inneren Durchmesser von 5,53 Meter und eine Höhe von 6,00 Meter. Die kleinere Drehkuppel, in der der ältere 6 zöllige Refractor aufgestellt ist, hat einen inneren Durchmesser von 4,00 Meter und eine Höhe ebenfalls von 4,00 Meter.

Es scheint mir, dass die perspectivische Darstellung auf dem Titelblatte, mit der Façade und den drei Grundrissen auf Tafel II, einen hinreichenden Begriff von der Einrichtung der Leidner Sternwarte geben kann und dass es überflüssig sein würde, diese Einrichtung weiter durch Durchschnitte zu erläutern. Die Einrichtung der Pfeiler, welche die Instrumente tragen, und deren Trennung von allen Mauern und Fussböden des Gebäudes, ist in Leiden ebenso wie bei allen übrigen neueren Sternwarten eingerichtet und ist so oft in Durchschnitten abgebildet, dass ich deren Wiederholung unterlassen zu können glaubte.

Es bleibt mir nur noch übrig, die zwei kleinen Nebengebäude *h* und *g* der Situations-Zeichnung, Figur 7 auf Tafel I, zu beschreiben, welche die Meridian-Zeichen überdecken. Unter den Fussboden eines jeden dieser kleinen Gebäude sind mehrere hölzerne Pfähle in den Boden eingerammt, deren obere Enden beträchtlich niedriger, als der gewachsene Boden liegen. Auf diese Pfähle ist ein grosser Quader gelegt und erst auf diesem Quader steht eine dünne steinerne Säule. Diese Säule ist mit Backsteinen, welche mit einander eine Pyramide bilden, auf dem Quader festgemauert und in ihre obere Fläche sind mit Blei eiserne Schrauben festgegossen, wodurch sich eine starke eiserne Platte auf diese obere Fläche festschrauben lässt. An dieser Platte befinden sich mit Stellschrauben versehene Spiegel, welche zur Beleuchtung des Meridian-Zeichens dienen. Das Meridian-Zeichen selbst ist eine sehr kleine Oeffnung in einer verticalen Messingplatte, welche mit der obengenannten horizontalen Platte fest verbunden ist. Die steinerne Säule ist von einer sehr starken hölsernen Kiste eingeschlossen, welche, auf der Pyramide, im Boden ruht und einen starken Deckel hat, mit zwei kleinen Oeffnungen, zur Beleuchtung und zur Beobachtung des Meridianzeichens. Der Raum zwischen der Säule und der Kiste ist mit einer Materie ausgefüllt, welche die Wärme sehr schlecht leitet. Das Ganze ist noch von einem starken hölzernen Kasten umgeben, welcher mit den Theilen des Meridian-Zeichens nicht in Berührung kommt und von horizontalen Balken getragen wird, die nur wenig unter den Fussboden eingegraben sind. Es ist klar, dass auch der äussere Kasten zwei Oeffnungen, zur Beleuchtung und zur Beobachtung des Meridian-Zeichens, haben muss. Der Kasten des nördlichen Meridian-Zeichens *g*, im botanischen Garten, hat die Form des Statives einer Büste und darauf ist das Brustbild BAVOMANS's aufgestellt. Der Kasten des südlichen Meridian-Zeichens *h*, an einem öffentlichen Spaziergang, ist ohne Zierde, aber dafür desto stärker. Es war meine Absicht dieses Meridian-Zeichen an der Seitenbiegung der hoch liegenden Allée anzubringen, so dass man nicht darum herum gehen könnte. Die hierfür etwas zu grosse Brennweite der Linse in der Sternwarte zwang mich jedoch, das Meridian-Zeichen etwas weiter vom Wasser weg zu rücken. So hat es jetzt viel vom Publicum zu leiden, welches bisweilen die Oeffnungen verschliessen oder mit Stöcken das Innere verletzt hat.

Zu der Beschreibung einer Sternwarte gehört eine Aufzählung der sich in derselben befindenden Instrumente. Gewöhnlich nimmt diese Aufzählung nur einen kleinen Raum ein, da die meisten Sternwarten keine Lehranstalten sind und deshalb, neben einigen grossen Hauptinstrumenten, meistens nur wenige kleine besitzen. Bei der Leidner Sternwarte ist dies ganz anders und bei der Erörterung ihrer Geschichte habe ich schon die Ursache dieser Verschiedenheit nachgewiesen. Die Leidner Sternwarte hat nur wenige Haupt-Instrumente und diese sind von nur mässigen Dimensionen. Seit 236 Jahren besitzt aber die Leidner Universität eine Sternwarte, und diese erhielt, während jenes grossen Zeitraumes, theils käuflich, theils durch Geschenke, nach und nach, mehrere Instrumente, woraus eine ziemlich ausgebreitete Sammlung von älteren Instrumenten entstanden ist, welchen man einige Wichtigkeit für die Geschichte der Astronomie nicht wird absprechen können. Wie erwähnt, war in früheren Zeiten die Sternwarte in Leiden nichts als eine Lehranstalt, und bis jetzt musste die fruchtbare Lehrthätigkeit ihr Hauptziel bleiben. Seit dreissig Jahre erhielt die Sternwarte jährlich eine mässige Summe, welche die Anschaffung grösserer und für die Astronomie wichtiger Instrumente nicht erlaubte, aber doch zuliess für die Lehrthätigkeit zu sorgen. Ich habe diese Summe so zweckmässig, wie möglich zu verwenden gestrebt und behielt, bei der Wahl der kleineren Instrumente, welche ich anschaffen konnte, immer die Bedürfnisse des Unterrichtes im Auge. Auch für die Beobachtungen wurden allmählig mehrere kleine Hülfsmittel angeschafft und in dem langen Zeitraum, in dem ich an ihr thätig sein konnte, entstand an der Leidner Sternwarte eine ausgebreitete Sammlung von systematisch gewählten kleinen Instrumenten, welche, wie mir scheint, einzig ist. Ich glaubte einen besonderen Abschnitt dem Verzeichniss der Instrumente der Leidner Sternwarte widmen zu müssen und hoffe durch dessen Veröffentlichung dem vorzubeugen, dass einige dieser Instrumente verloren gehen sollten, welches Schicksal mehrere der Sternwarte früher gehörende Instrumente getroffen hat. Im folgenden Verzeichnisse habe ich die Dimensionen der Instrumente in Pariser Fussmaass ausgedrückt, weil dieses Maass, den Preisverzeichnissen nach, bei Beschreibungen von Instrumenten gewöhnlich angewendet wird.

# VERZEICHNISS DER INSTRUMENTE DER STERNWARTE IN LEIDEN, BEIM ANFANGE DES JAHRES 1868.

## A. INSTRUMENTE FRÜHERER ZEIT, VON EINIGER BEDEUTUNG FÜR DIE GESCHICHTE DER ASTRONOMIE.

1. Ein messingenes Astrolabium mit nautischem Quadranten, nach GEMMA FRISIUS. Auf diesem Instrumente ist kein Namen seines Verfertigers und auch keine Jahreszahl zu finden, doch die Form der zahlreichen darauf eingravirten Buchstaben zeigt, dass es sehr alt sein muss.

2. Ein messingener astronomischer Ring nach GEMMA FRISIUS. Auf einem der Ringe dieses Instrumentes ist die Inschrift eingravirt: *G. A. nepos Gemmae Frisii Louanii, fecit anno 1572*.

Der Ursprung der beiden obengenannten merkwürdigen Instrumente ist mir unbekannt. Sie werden nicht erwähnt in den Verzeichnissen der Instrumente der Sternwarte, im Jahre 1705 von DE VOLDER und im Jahre 1708 von LULOFS hinterlassen. Sie kommen auch nicht vor im Verzeichniss der, an der Universitäts-Bibliothek aufbewahrten, Instrumente, welches im Jahre 1746 veröffentlicht wurde. Bis vor kurzer Zeit lagen sie versteckt auf einem Bodenraum vom Gebäude der Universitäts-Bibliothek. Die Buchstaben G. A. bezeichnen: GUALTERUS ARSCENIUS.

3. Ein sehr gut gearbeitetes messingenes Astrolabium nach GEMMA FRISIUS, welches die Inschrift trägt: *Elaborabat Antuerpiae Michael Coignet, Anno a Christo nato* 1601. Dieses Instrument wurde im Jahre 1743 von der Wittwe GARAMA der Sternwarte geschenkt.

4. Ein hölzerner Quadrant, mit einem messingenem Rande von 7 Fuss Radius. Dieser Quadrant ist verfertigt von WILHELM BLAEU, und wurde im Jahre 1632 aus dem Nachlass von WILLEBRORD SNELLIUS angekauft. Der Rand dieses Instrumentes ist durch Transversalen unmittelbar in doppelte Minuten getheilt. Er gab Veranlassung zu der Stiftung einer Sternwarte in Leiden im Jahre 1633 und wurde, im Jahre 1669, von VAN MELDER mit einem Fernrohr versehen.

5. Eine kleine *Sphaera armillaris*. Wahrscheinlich eines der zwei Instrumente dieser Art, welche, im Jahre 1667, von KECHEL angekauft wurden.

6. Ein Theil eines Tychonischen Sextanten, im Jahre 1685 angefertigt von C. METS in Am-

sterdam. Der Rand dieses Instrumentes, welcher einen Radius von 4 Fuss hat, ist durch Transversalen unmittelbar in einzelne Minuten getheilt. Es gab im Jahre 1689 Veranlassung zu einem Umbau und einer Vergrösserung der Sternwarte in Leiden.

7. Ein messingener Azimuthal-Quadrant mit einem Radius von 8 Fuss, um das Jahr 1700 verfertigt von C. Metz. Dieses Instrument hat ein Schraubenwerk nach Hooke, zur Theilung seines Randes, in kleinere Theile als Grade, in welche er unmittelbar getheilt ist.

8. Ein Planetolabium von Lotharius Zumbach de Coesfeld, um das Jahr 1700 von Gerard Valk aus Holz und Pappe verfertigt und, im Jahre 1838, von der Wittwe Onder de Wijngaard Canzius, der Sternwarte geschenkt.

9. Ein grosses Planetarium, wobei die Kügelchen, welche die Planeten darstellen, in Ellipsen, mit gehöriger Neigung, mittelst einer Uhr, bewegt werden. Dieses Instrument ruht auf einem starken hölzernen Fussgestell, das mit mehreren weitläufigen Inschriften versehen ist, und ist umgeben von zwei starken messingenen Ringen und einem vergoldeten Zodiak von 6 Fuss im Durchmesser. Es wurde nach den Berechnungen von N. Stampioen, von S. Tracy verfertigt und von B. van der Cloese verbessert. Der Admiral S. Schepers vermachte es im Jahre 1710 der Leidner Universität und bis zum Jahre 1823 war es in der Universitäts-Bibliothek aufgestellt.

10. Ein Spiegelteleskop mit einem hölzernen Rohre von 7 Fuss Länge und einem hölzernen Fussgestell, im Jahre 1736 von Hearne in London geliefert. Dieses Instrument ist mit seinem Fadenmikrometer unter Bradley's Aufsicht verfertigt. Im Jahre 1750 erhielt es von Lulofs einen von van der Bildt verfertigten Spiegel und im Jahre 1852 hat Herr C. A. Steinheil dazu einen kugelförmigen versilberten Glasspiegel geliefert.

11. Ein Mittagsrohr mit einer Oeffnung von 12 Linien und einer Brennweite von 2½ Fuss, im Jahre 1740 von Sisson in London geliefert. Dieses Instrument ist vollständig mit den Kalksteinblöcken, worin die Zapfenlager eingegossen sind, aufbewahrt.

12. Ein sehr rohes Cassinianisches Aequatorial mit einem hölzernen Fussgestell, woran das Fernrohr fehlt. Im Jahre 1743 von der Wittwe Gabama geschenkt.

13. Ein kleines Planetarium und Tellurium, im Jahre 1748 vom Herrn J. de Vizoe geschenkt und früher in der Bibliothek aufbewahrt.

14. Der Apparat, womit Lulofs, im Jahre 1757, die Länge des einfachen Secunden-Pendels bestimmte. Es ist ein ziemlich roher hölzerner Pfahl mit einigen Metallstücken. Dafür gehören zwei Kügelchen von Blei und Messing von je einem rheinländischen Zoll Durchmesser, deren Lulofs sich bediente, mit den Aloë-Fäden, woran diese Kügelchen hingen.

15. Eine Pendel-Uhr von van der Cloese ohne Compensation und mit *Echappement à recul*, von Lulofs, zu seinen Pendel-Versuchen im Jahre 1757, angeschafft.

16. Eine eiserne rheinländische Ruthe von einem Quadratzoll im Durchschnitt, deren Lulofs erwähnt und welche er bei seinen Pendel-Versuchen anwandte. Der Ursprung dieses Maassstabes ist unbekannt. Er wurde früher für die Ruthe von Snellius gehalten, aber meine Nachforschungen haben ergeben, dass er dieselbe nicht sein kann.

17. Ein Kistchen mit messingenen Fussmaassen von Lulofs zu seinen Pendel-Versuchen hergestellt. Nach van Swinden's Untersuchungen sind diese Fussmaasse sehr ungenau.

18. Ein Instrument zur Zeitbestimmung durch gleiche Höhen, im Jahre 1768 von Lulofs bestellt. Der Namen des Verfertigers ist nicht angedeutet.

19. Ein Spiegelteleskop mit einem messingenen Rohre von 9 Fuss Länge, einer messingenen Säule, einem getheilten verticalen Quadranten und einem getheilten horizontalen Halbkreis. Dieses Instrument ruht auf einem starken eisernen Dreifuss und ist für seine Zeit sehr schön gearbeitet. Es

ist verfertigt vom Herrn J. van de Wal und wurde von ihm im Jahre 1782 der Leidner Universität vermacht.

20. Eine Uhr mit Compensations-Pendel, verfertigt vom Burgemeister von Dordrecht Herrn W. Snellen und von ihm im Jahre 1791 der Universität vermacht. Zu dieser Uhr gehört eine hölzerne Tafel, worauf eine von Raunkenius verfasste und vom Curatorium verbesserte Inschrift gemalt ist.

21. Zwei alte kleine elfenbeinerne Dosen mit Sonnen-Uhren.

22. Ein alter Winkelmesser, worauf viele Figuren gestochen sind und worauf sich die Inschrift findet: *J. Gregoire à Blois.*

23. Ein Winkelmesser, im Jahre 1743 von der Wittwe Garama geschenkt.

24. Eine alte hölzerne Boussole von P. le Maire in Paris

25. Ein Universal-Acquatorial mit Kreisen von 5 Zoll Durchmesser von G. Hulst van Keulen.

26. Ein Repetitionskreis von Lenoir, mit einem Kreise von 2 Fuss Durchmesser. Das Objectiv von einem der beiden Fernrohre ist zerbrochen. Der Rand des Kreises ist verbogen und die Theilung ist beschädigt. Das zweite Fernrohr dieses Instrumentes wird, als Hülfsfernrohr, beim 7zölligen Rofractor benützt.

## B. HAUPTINSTRUMENTE, ZUR ABSOLUTEN UND RELATIVEN ORTSBESTIMMUNG VON HIMMELSKÖRPERN.

1. Ein Meridian-Kreis von Pistor & Martins, geliefert im Jahre 1861, mit einem Fernrohre von 6 Zoll Oeffnung und 8 Fuss Brennweite, zwei Kreisen von 3 Fuss Durchmesser, beide von 5 zu 5 Minuten getheilt und zwei vollständigen Systeme von vier Ablesungs-Mikroskopen, getragen von Armen nach der Einrichtung der Herren Pistor & Martins. Bei diesem Meridian-Kreise wurde, mit der genannten Einrichtung, zum ersten Male eine Radial-Beleuchtung des Randes verbunden. Das ganze Instrument lässt sich mit seinen Treppen, in einen, auf einer Eisenbahn beweglichen, grossen Glasschrank verschliessen.

Zu diesem Instrumente gehören die folgenden Hülfsapparate. Zwei Collimatoren zur Bestimmung des Horizont-Punktes, mit Fernrohren von 20½ Linien Oeffnung und 2 Fuss Brennweite. Ein Fühlhebel von Pistor & Martins zur Untersuchung der Zapfen. Vier, in Leiden verfertigte, Mikroskop-Arme, mit zwei Mikrometer-Mikroskopen von Pistor & Martins und zwei Ablesungs-Mikroskopen ohne Mikrometer von Steinheil, zur Untersuchung der Theilung. Ein eiserner Umlegebock. Eine, auf einer Eisenbahn bewegliche, Tribüne zu Nadir-Bestimmungen. Eine grosse, auf Rollen bewegliche, Treppe zu Reflex-Beobachtungen. Ein kleiner und ein grosser runder angequickter Quecksilber-Horizont zu Nadir-Bestimmungen und ein länglicher desgleichen zu Reflex-Beobachtungen, beide mit den erforderlichen isolirten Unterlagen. Zwei Meridian-Zeichen auf 83 und 105 Meter Entfernung, mit den zwei dazu gehörigen, von Herrn C. A. Steinheil verfertigten, Linsen, auf isolirten Pfeilern. Ein Beobachtungs-Stuhl und zwei kleine Treppen auf Rollen.

2. Ein, im Jahre 1861 gelieferter, Refractor aus dem optischen Institute der Herren G. Merz & Sohn in München, mit einer Oeffnung von 7 Zoll und einer Brennweite von 9 Fuss, parallatisch montirt auf einem steinernen Pfeiler und mit einer Fraunhofer'schen Centrifugal-Uhr.

Zu diesem Instrumente gehören die folgenden Hülfsapparate. Ein einfaches und ein doppeltes

Ring-Mikrometer. Ein-Faden-Mikrometer aus dem optischen Institute. Ein AIRY'sches Doppelbild-Mikrometer, verfertigt von Herrn SIMMS und im Jahre 1855 geliefert. Eine in Leiden verfertigte Centrir-Maschine. Ein Beobachtungs-Stuhl und eine Beobachtungs-Treppe. Ein Hülfsfernrohr zur Rectification. Ausser den gewöhnlichen Münchener positiven und negativen Ocularen hat dieser Refractor zwei achromatische Oculare von DUWE; ein achromatisches Ocular von KELLNER und ein Mikroskop-Ocular mit zwei achromatischen Ocularen von STEINHEIL.

3. Ein Refractor aus dem optischen Institute von G. MERZ in München, im Jahre 1838 geliefert, mit einer Oeffnung von 6 Zoll und einer Brennweite von 8 Fuss. Dieser Refractor ist parallatisch montirt, hat eine FRAUNHOFER'sche Centrifugal-Uhr und ruht auf dem von FRAUNHOFER angewandten hölzernen Fussgestelle.

Zu diesem Instrumente gehören, ausser den erforderlichen Ocularen, ein einfaches und ein doppeltes Ring-Mikrometer, ein FRAUNHOFER'sches Faden-Mikrometer und ein Beobachtungs-Stuhl.

## C. ASTRONOMISCH-GEODÄTISCHE INSTRUMENTE.

1. Ein im Jahre 1853 geliefertes, Universal-Instrument von G. & A. REPSOLD, mit einem gebrochenen Fernrohre von 21 Linien Oeffnung und Kreisen von 10 und 12 Zoll Durchmesser. Dies Instrument ist zur leichteren Umlegung des oberen Theiles eingerichtet und hat für jeden Kreis zwei Mikrometer-Mikroskope, welche die unmittelbare Ablesung der einzelnen Secunden gestatten.

2. Ein Universal-Instrument von ERTEL, mit einem gebrochenen Fernrohre von 15 Linien Oeffnung und Kreisen von 7½ und 9½ Zoll Durchmesser. Durch vier Nonien werden am Vertical-Kreise unmittelbar 10 Secunden und am Horizontal-Kreise 4 Secunden abgelesen. Dieses Instrument wurde im Jahre 1838 geliefert.

3. Ein, im Jahre 1838 geliefertes, tragbares Passagen-Instrument von ERTEL, mit einem gebrochenen Fernrohre von 19 Linien Oeffnung und einem Horizontal-Kreise von einem Fuss Durchmesser, durch vier Nonien, von 10 zu 10 Secunden getheilt.

Die drei letztgenannten Instrumente ruhen auf isolirten Pfeilern und sind von wegschiebbaren Glaskasten verdeckt.

4. Ein, im Jahre 1858 geliefertes, Universal-Instrument von PISTOR & MARTINS, mit einem Fernrohre am Ende der Achse von 12 Linien Oeffnung. Die Kreise haben Durchmesser von 5 Zoll, und jeder Kreis hat zwei Ablesungs-Mikrometer-Mikroskope. Zu diesem Instrumente gehört ein starkes hölzernes Fussgestell.

5. Ein Theodolit und Nivellir-Maschine von TROUGHTON & SIMMS mit zwei Fernrohren von 13 Linien Oeffnung und einem Horizontal-Kreise von 7 Zoll Durchmesser. Dieses Instrument wurde im Jahre 1833 von der Regierung an die Sternwarte geschickt.

Das obere Fernrohr dieses Instrumentes hat ein, von Herrn WENCKEBACH verfertigtes, eignes Fussgestell, ein Gefäss mit Prisma, welches sich vor dem Objectiv anbringen lässt und ein Niveau. Durch diese Hülfs-Apparate lässt sich das Fernrohr in ein Passagen-Instrument, nach STEINHEIL's Construction, umwandeln.

## B. ASTRONOMISCH-NAUTISCHE INSTRUMENTE.

1. Ein nautisches Kreutz.
2. Ein altes nautisches hölzernes Astrolabium.
3. Ein grosser hölzerner Spiegel-Octant ältester Construction, verfertigt von J. KLEY in Rotterdam im Jahre 1754.
4. Ein gewöhnlicher ebenhölzerner Spiegel-Octant.
5. Ein grosser und alter Spiegel-Sextant von HULST VAN KEULEN.
6. Ein Spiegel-Sextant von DOLLOND.
7. Ein Spiegel-Sextant neuerer Construction nach WENCKEBACH von EPKENA.
8. Ein Pfeiler-Spiegel-Sextant von TROUGHTON & SIMMS. Hierzu gehört ein Pendel-Horizont nach BECHER von WENCKEBACH.
9. Ein alter Repetitions-Reflexions-Kreis nach DE BORDA von HULST VAN KEULEN.
10. Ein Reflexions-Kreis nach TROUGHTON von KLEMAN.
11. Ein Prismen-Kreis mit Hülfs-Apparat nach STEINHEIL's zweiter Construction von WENCKEBACH.
12. Ein Prismen-Kreis nach KAISER's Construction von WENCKEBACH.
13. Ein Prismen-Kreis nach KAISER's verbesserter Construction von WENCKEBACH.
14. Ein kleiner Patent-Reflexions-Kreis von PISTOR & MARTINS.
15. Ein Dosen-Sextant neuester Construction von TROUGHTON & SIMMS, mit einem Fernrohre.
16. Ein kleiner HARTMANN & EBTEL'scher Spiegel-Sextant.
17. Zwei künstliche Quecksilber- und Oel-Horizonte mit Glasplatten bedeckt von DOLLOND.
18. Drei SCHÜNAU'sche Quecksilber-Horizonte besonderer Einrichtung.
19. Ein messingenes Fussgestell, zur Aufnahme eines beliebigen Reflexions-Instrumentes.
20. Ein Azimuth-Kompass, älterer Construction.

## E. FERNROHRE.

1. Ein im Jahre 1856 von G. A. STEINHEIL geliefertes Fernrohr, mit einem Objective von 4 Zoll Oeffnung und 9 Fuss Brennweite, welches das secundäre Spectrum vollkommen aufhebt. Zu diesem Fernrohre gehört ein eisernes Fussgestell, welches sich an die verschiedenen Fenster des grossen Saales einsetzen lässt und auf dem das Rohr, mittelst schiefer Stangen, welche sich durch ein Triebwerk verlängeren und verkürzen lassen, eine feine Bewegung erhält. Zu diesem Fernrohre gehört auch eine lange Achse, womit es sich parallatisch aufstellen lässt.
2. Ein Cometen-Sucher von G. MERZ, mit einer Oeffnung von 43 Linien und mehrere Oculare, worunter ein merkwürdiges orthoscopisches Cometen-Ocular von KELLNER. Ein grosses Glasprisma von MERZ, unmittelbar hinter dem Oculare, macht die Gesichtslinie horizontal. Dieses Rohr ruht auf einem, in Leiden verfertigten, eisernen Fussgestell von besondere Construction, wodurch sein Gebrauch zur Aufsuchung von Cometen ungemein erleichtert wird.
3. Ein Cometen-Sucher von MERZ, mit einer Oeffnung von 34 Linien, auf einem in Leiden angefertigten parallatischen Fussgestell.

4. Ein dialytisches Fernrohr von Plössl, mit einer Oeffnung von 36 Linien auf einem messingenen Fuss mit feiner Bewegung. Dieses Instrument, welches für einen Astronomen in Leipzig verfertigt und im Jahre 1838 angekauft wurde, ist nicht besonders gut.

5. Ein sehr schönes von Plössl, für die Leidner Sternwarte verfertigtes, dialytisches Fernrohr, mit einer Oeffnung von 26 Linien, auf einem Fusse, ohne feine Bewegung.

6. Ein Fernrohr von Merz, mit einer Oeffnung von 27 Linien. Dieses Fernrohr hat einen Sucher von Wenckebach und einen Fuss eigner Construction von Lerebours.

7. Ein Fernrohr von G. A. Steinheil, mit einer Oeffnung von 34 Linien, auf einem schönen Fussgestell von P. J. Kipp & Söhne in Delft. Das Objectiv dieses Fernrohres, *Steinheil* n°. 756, ist sehr merkwürdig, indem es, im Jahre 1858, unter den zahlreichen von Herrn Steinheil, mit seinem empfindlichen Apparat untersuchten Objectiven, das einzige war, dessen Glasart sich gänzlich fehlerfrei zeigte.

8. Ein Fernrohr von Molteni, mit einer Oeffnung von 34 Linien, auf einem messingenen Fuss ohne feine Bewegung. Das Objectiv ist schlecht. Herr G. A. Steinheil hat zu diesem Fernrohre sein vortreffliches Objectiv n°. 378 geliefert.

9. Ein Fernrohr von Molteni, mit einer Oeffnung von 27 Linien, auf einem Fuss von Wenckebach.

10. Ein Marine-Fernrohr von Plössl, mit einer Oeffnung von 23 Linien.

11. Ein Zugfernrohr von Woerle, mit einer Oeffnung von 24 Linien.

12. Ein altes Fernrohr von Onder de Wijngaard Cansius, mit einer Oeffnung von 32 Linien.

13. Ein kleines Zugfernrohr von Kellner, mit dessen orthoscopischem Ocular.

14. Ein Zugfernrohr von Steinheil, mit dessen achromatischem Ocular.

15. Ein kleines Zugfernrohr von Merz.

16. Ein Handsucher von Steinheil.

17. Zwei kleinere Zugfernrohre von Molteni, mit astronomischem Oculare, auf dem von mir für Dilettanten empfohlenen hölzernen Fusse.

18. Ein Teleskop von Rienks, mit einem Spiegel, dessen Oeffnung 7 Zoll und Brennweite 4 Fuss beträgt, auf einem hölzernen Fuss in der Form eines Tisches. Ein sehr schlechtes Instrument.

19. Zwei kleine und unbedeutende Spiegelteleskope von Rienks.

20. Ein altes aber ziemlich gutes Spiegelteleskop von zwei Fuss Länge, auf einem hölzernen Fussgestell. Der Verfertiger und der Ursprung dieses Teleskopes sind unbekannt.

21. Ein altes, aber gut gearbeitetes und gut erhaltenes Spiegelteleskop von 5 Zoll Oeffnung und 4 Fuss Länge, mit einem Rohre und einem Fuss von Mahagonyholz. Dieses Telescop ist verfertigt von Scarlet in London und war früher ein Eigenthum Musschenbroek's, welcher es in seinem Lehrbuche der Physik (Seite 630) sorgfältig beschrieben und abgebildet hat. Im Jahre 1838 habe ich dieses Teleskop, auf einer Auction, für eine Kleinigkeit, angekauft.

## F. UHREN.

1. Eine nach Sternzeit gehende Pendel-Uhr, mit Quecksilber-Compensation von Herrn A. Hohwü in Amsterdam, und dessen n°. 17. Diese höchst vortreffliche Uhr ist die Hauptuhr der Sternwarte und ist im Meridian-Saale an einem isolirten Pfeiler aufgehängt.

2. Eine nach Sternzeit gehende Pendel-Uhr mit Quecksilber-Compensation von Herrn Th. Knoblich in Altona, mit dessen Stromschliesser. Diese Uhr ist in der Vestibule der Sternwarte, am Pfeiler des grösseren Refractors, aufgehängt. Durch Drahtleitungen wird die Zeit-Angabe dieser Uhr auf mehrere galvanische Uhren in verschiedenenen Theilen der Sternwarte übergetragen.

3. Eine von Mahler, im Jahre 1838, verfertigte Pendel-Uhr aus dem optischen Institute in München, mit der Mahler'schen Compensation (*Astr. Nachr.* n°. 196). Zu dieser Uhr hat Herr Beck in Gotha, im Jahre 1868, einen Hansen'schen Stromschliesser geliefert. Diese Uhr ist in dem westliche kleinere Meridian-Zimmer aufgehängt.

4. Eine Pendel-Uhr, im Jahre 1817 verfertigt von F. Knebel in Amsterdam, mit einer Compensation, durch einen messingenen und einen stählernen Stab und einem Querhebel. Diese Uhr ist im östlichen kleineren Meridian-Zimmer aufgehängt.

5. Eine kleine Pendel-Uhr mit Compensation, am Pfeiler der grösseren Refractors.

6. Ein Box-Chronometer von Dent n°. 2527, welches halbe Secunden schlägt.

7. Ein Box-Chronometer von Knebel n°. 47, welches 130 Schläge in der Minute macht.

8. Ein Taschen-Chronometer von Krille n°. 1473, welches 150 Schläge in der Minute macht.

9. Ein Secunden-Zähler, mit Halbe-Secunden-Pendel, von Knebel.

10. Ein einfacher Compteur nach Breguet von van Arken. Dieser Compteur wird benutzt um die galvanischen Uhren mit der Knoblich'schen Uhr gleich zu stellen.

11. Ein Tertien-Zähler von Pfaffius.

12. Ein Tertien-Zähler von Lundstedt.

Die zwei letztgenannten Instrumente sind aus dem Nachlass des Professors Bessenberg in Bilk angekauft.

## G. APPARATE ZU REGISTRIR-BEOBACHTUNGEN.

1. Ein Registrir-Apparat von Knoblich in Altona, dem Krille'schen ähnlich, welchen Herr Prof. C. A. F. Peters (*Astr. Nachr.* b°. 1153) beschrieben und abgebildet hat. Dieser Apparat hat zwei Electromagneten und eine Uhr mit Kegel-Pendel. Die Uhr hat eine neue Vorrichtung zu ihrer Lösung und Hemmung, mittelst eines galvanischen Stromes. Diese Vorrichtung ist sehr genial, aber ihrer Zusammengesetztheit wegen nicht zuverlässig.

Zu diesem Apparate gehören vier messingerne Cylinder, wovon zwei verfertigt sind von Boosman & Comp. in Amsterdam. Jeder Cylinder hat ein Fussgestell von Mahagony-Holz.

2. Ein Registrir-Apparat von Maijer & Wolf in Wien, mit zwei Electromagneten. Dieser Apparat ist von Herrn Prof. C. von Littrow empfohlen und beschrieben in den *Sitzungsber. der Kais. Kön Ac. der Wiss. in Wien*, Band 52. Er hat einen kleinen Electromotor, welcher einen Papierstreifen bewegt. Dieser kleine und sinnreiche Apparat ist leicht zu transportieren und empfiehlt sich durch die Bequemlichkeit, mit der er zu handhaben ist.

3. Ein Einschalter, um den Strom, welcher von der Pendel-Uhr während einer Secunde geschlossen bleibt, beliebig nur während eines Augenblickes auf den Apparat wirken zu lassen, wie der Registrir-Apparat von Maijer & Wolf diess erfordert.

4. Ein Stromwechsler, um die Ströme, welche von den verschiedenen Batterien kommen, beliebig auf den einen oder auf den anderen der beiden Registrir-Apparate wirken zu lassen.

5. Ein Stromwechsler, um beliebig mit und ohne Einschaltung eines Relais registriren zu können.

6. Ein Stromwechsler, um, bei Untersuchungen in den verschiedenen Theilen des Gebäudes, die galvanischen Ströme beliebig richten zu können.

7. Zwei Exemplare eines Apparates, um zwei Ströme, welche von verschiedenen Quellen kommen, vollkommen gleichzeitig zu schliessen. Diese Apparate haben zur Bestimmung der Trägheit der Relais gedient.

8. Ein Apparat zur leichten Ablesung des Cylinders von KNOBLICH's Registrir-Apparat. Im gemeinschaftlichen Brennpunkt vom Objectiv und Ocular eines Mikroskopes von fünfmaliger Vergrösserung, ist eine feine, von D$^r$. P. J. KAISER auf Glas photographirte, Scala angebracht. Durch einen Hebel wird die Entfernung des Mikroskopes vom Cylinder und dabei zugleich, in gehörigem Verhältniss, die Entfernung von Objectiv und Ocular geändert. Die von den Spitzen gemachten Zeichen bleiben also, bei der Versetzung des Mikroskopes, scharf und das Bild des auf dem Cylinder verzeichneten Raumes von zwei Secunden, wird der Scale im Mikroskop genau gleich gemacht. Die Zehntel-Secunden werden unmittelbar abgelesen und die Hundertstel werden geschätzt.

9. Ein ähnlicher Apparat zur Ablesung des Papier-Streifens des Apparates von MAIJER & WOLF. Wegen der Grösse des Raumes, welchen der Papier-Streifen in zwei Secunden durchlauft, ist hier, anstatt eines Mikroskopes, ein kleines Fernrohr mit dreimaliger Vergrösserung angewandt.

Die sämmtlichen Hülfsapparate, von n°. 3 bis zu n°. 9, sind von mir erfunden und, unter meiner und meines Sohnes D$^r$. P. J. KAISER Mitwirkung, an der Leidner Sternwarte verfertigt.

10. Ein Galvanometer von KNOBLICH.

11. Ein Stromschliesser von KNOBLICH.

12. Mehrere an der Leidner Sternwarte verfertigte Stromschliesser.

13. Drei Handschlüssel von KNOBLICH.

14. Ein Handschlüssel von MAIJER & WOLF mit doppelter Schliessung.

15. Drei galvanische Uhren von KNOBLICH, für den Stromschliesser seiner Uhr eingerichtet.

16. Ein Secunden-Zähler von MAHLER, mit einem von D$^r$. P. J. KAISER verfertigten Stromschliesser. Das Pendel giebt 50 Schläge in 49 Secunden und bei den Zeitsignalen werden diese Schläge galvanisch in die niederländischen Häfen übertragen. Das Pendel wird, in schräger Stellung, von einem Stabe aufgehalten, welcher, durch den Druck auf einen Morse-Schlüssel, vermittelst eines galvanischen Stromes, zurückgezogen wird und die Uhr, im Augenblicke des Signales, in Gang bringt.

17. Ein von mir verfertigtes Pendel, mit allen bekannten Vorrichtungen, um einen galvanischen Strom, durch die Schwingungen eines Pendels, zu schliessen oder zu unterbrechen, wovon man jede nach Belieben wirken lassen kann.

18. Ein Apparat zur absoluten Bestimmung von persönlichen Fehlern, mittelst Coincidenzen von Uhrschlägen. Hierzu gehört ein besonders eingerichteter Secunden-Zähler von C. SCHMIDT in Amsterdam. Dieser Apparat ist von mir schon im Jahre 1851 öffentlich erwähnt und im Jahre 1862 beschrieben und abgebildet, im 15$^{ten}$ Bande der Zeitschrift der Kön. Acad. der Wissenschaften in Amsterdam.

19. Ein Pendel-Apparat zur absoluten Bestimmung von persönlichen Fehlern.

20. Ein Dreh-Apparat zur absoluten Bestimmung von persönlichen Fehlern, mit vier hölzernen Armen.

21. Ein eben solcher Apparat mit acht eisernen Armen. Dieser Apparat ist von mir beschrieben und abgebildet in der Zeitschrift der Kön. Acad. der Wissenschaften in Amsterdam, 2$^{te}$ Reihe, 2$^{ter}$ Band.

22. Zwei Exemplare eines neuen und sehr transportablen Apparates, zur absoluten Bestimmung von persönlichen Fehlern und zu Uebungen in der Beobachtungskunst.

Für die Apparate n°. 18 bis n°. 22 gilt dieselbe Bemerkung, wie für die Apparate n°. 3 bis n°. 9.
23. Vier und zwanzig MEIDINGER'sche Elemente.
24. Sechs Elemente nach LECLANCHÉ.
25. Zwei Bichromas-Calicus-Elemente.
26. Zwei Quecksilber-Salz-Elemente.
27. Zwei Blei-Salz-Elemente.

### H. APPARATE ZU BESONDEREN UNTERSUCHUNGEN, WELCHE SICH BEI MEHREREN INSTRUMENTEN ANWENDEN LASSEN.

1. Ein Astrophotometer und Colorimeter nach ZÖLLNER, im Jahre 1867 von AUSFELD in Gotha verfertigt. Dies Instrument hat für sich ein Objectiv mit einer Oeffnung von 16 Linien, doch lässt es sich an jedes grössere Fernrohr anschrauben.
2. Ein Zugfernrohr von MOLTENI, mit einer Oeffnung von 24 Linien, eingerichtet um künstliche Sterne darzustellen, zu Untersuchungen mit ZÖLLNER's Photometer.
3. Ein Astrospectroskop von STEINHEIL.
4. Ein Astrospectroskop nach SECCHI von MERZ.
5. Ein Taschen-Spectroskop von HOFFMANN.
6. Ein Polarisations-Helioskop von MERZ. Dieser Apparat erlaubt die Beobachtung der Sonne, ohne Blendglas, mit der vollen Oeffnung des 7 zölligen Refractors.
7. Ein Polariskop nach ARAGO.
8. Zwei NICHOL'sche Prismen.
9. Zwei Tourmalin-Platten.
10. Zwei Moderateur-Gläser von STEINHEIL.
11. Ein Niveau-Prüfer von GEBR. CAMINADA in Rotterdam.
12. Ein Fühlhebel-Niveau von MEIJERSTEIN.
13. Ein Fühlhebel-Sphärometer von MEIJERSTEIN.
14. Ein Dynamometer von RAMSDEN.
15. Ein Dynamometer von DOLLOND.
16. Ein Gestell mit einem Mikroskop von LEREBOURS, zur Untersuchung von Mikrometer-Schrauben.
17. Ein SÖMMERRING'scher Spiegelchen-Apparat von PLÖSSL.
18. Ein Apparat zum Einziehen von Spinnenfäden von STARKE.
19. Sechs Reserve-Libellen.

### I. GEODÄTISCHE UND MATHEMATISCHE INSTRUMENTE.

1. Zwei eiserne Maassstäbe von 5 Meter Länge in hölzernen Kasten, von Herrn F. WENCKEBACH verfertigt und von Herrn Prof. F. J. STAMKART geprüft. Diese Maassstäbe sind den STRUVE'schen der früheren russischen Gradmessung ähnlich, doch haben sie keine Fühlhebel. Sie sind zu Uebungen in Basis-Messungen eingerichtet.

2. Vier starke hölzerne Böcke, zu den obengenannten Maassstäben, mit eisernen Stellschrauben.
3. Zwei gläserne Keile mit Theilungen von WENCKEBACH, zur Ausmessung der kleinen Zwischenräume zwischen den Stäben.
4. Ein Clinometer von WENCKEBACH, zur Messung der Neigung der Stäbe.
5. Ein Mètre à bouts von WENCKEBACH.
6. Ein in Millimeter getheiltes Mètre à traits von WENCKEBACH.
7. Ein messingenes Lineal von SALLERON in Millimeter getheilt, ein halbes Meter lang.
8. Eine stählerne Taschen-Messfeder von CHESTERMAN, 2 Meter lang.
9. Eine stählerne Messfeder von WENCKEBACH, 20 Meter lang.
10. Eine stählerne Messfeder von WENCKEBACH, 10 Meter lang.
11. Zwei alte Messketten.
12. Zwei Schmalkalder Boussolen von WENCKEBACH, eine für Azimuth- und eine für Höhen-Messungen.
13. Eine Boussole von ERTEL.
14. Ein Distanzmesser nach FRAUNHOFER von ERTEL.
15. Ein Passgänger.
16. Ein Heliotrop nach STEINHEIL von WENCKEBACH.
17. Ein Heliotrop nach STRUVE.
18. Eine Dosen-Libelle von WENCKEBACH.
19. Zwei Libellen mit Füsse von STARKE.
20. Ein Messtisch auf einem Dreifuss.
21. Ein Stangenzirkel von ERTEL, 3 Fuss lang.
22. Ein Lineal von Stahl von ERTEL, 3 Fuss lang.
23. Ein Alhidaden-Transporteur von PISTOR & MARTINS.
24. Ein Reisszeug von APEL.
25. Ein dreischenklicher Zirkel.
26. Ein Reductions-Zirkel.
27. Ein Nullenzirkel.
28. Ein hölzerner Pantograph.
29. Einige hölzerne Lineale, Dreiecke und Bogen.

## K. APPARATE VERSCHIEDENER ART.

1. Ein Dipleidoscop nach DENT von PLÖSSL, mit einem Fernrohre.
2. Ein Passagen-Prisma von LEREBOURS, mit einem Fernrohre.
3. Ein achromatisches zerlegbares Prisma von MERZ.
4. Ein achromatisches Prisma von STEINHEIL.
5. Ein Stülpselperspectiv von PLÖSSL.
6. Ein kleines Fernrohr mit zwei Prismen von MERZ, zu einem kleinen Prismen-Kreis nach meiner Construction.
7. Zwei Stücke einer hohlen Glaslinse von grösserer Brennweite von WOZALE, zur Anfertigung eines Doppelbild-Mikrometers nach AMICI.

8. Zwei Globen von 2 Fuss Durchmesser von ADAMS.
9. Zwei kleine Globen von DIEN.
10. Ein astronomisches Diagramm von PRESTEL.
11. Zwei hölzerne Dreifüsse, zur Aufstellung kleinerer Fernrohre.
12. Vier alte Beobachtungs-Stühle.

## L. METEOROLOGISCHE INSTRUMENTE.

1. Ein Gefäss-Barometer von TONNELOT.
2. Ein Gefäss-Barometer von NEWMAN.
3. Ein Heber-Barometer von WENCKEBACH.
4. Ein älteres Barometer von BUTTI.
5. Zwei sehr alte Barometer.
6. Ein Bourdon'sches Aneroïd-Barometer.
7. Zwei Thermometer von MEIJERSTEIN, in Zehntel-Grade getheilt und nach BESSEL's Methode calibrirt.
8. Zwei Thermometer von SALA in Leiden, an einem Pfahl im Freien auf 1,5 Meter Entfernung von der Nordseite des Meridian-Saales, welche mit einem Fernrohre abgelesen werden.
9. Zwei Thermometer von ERTEL mit messingenen Scalen.
10. Vier Thermometer in verschiedenen Theilen des Gebäudes.
11. Vier kleine Thermometer von SALA in Leiden, in den Kasten der Pendel-Uhren.
12. Ein Hygrometer von REGNAULT.

## M. VERSINNLICHUNGS-APPARATE FÜR DEN UNTERRICHT IN DER POPULÄREN ASTRONOMIE.

1. Ein Modell des Sonnen-Systems, wobei die Bahnen der Hauptplaneten und von mehreren der kleineren Planeten, in ihrer Form und verhältnissmässigen Grösse und Lage, durch Messingdrähte genau vorgestellt sind. Die Bahn des Jupiters hat in diesem Modelle einen Durchmesser von 0,65 Meter. Von den Planeten Saturn, Uranus und Neptun sind nur die Entfernungen von der Sonne, durch eingeschnürte Kügelchen, vorgestellt.
2. Ein, den obengenannten ähnliches Modell des Sonnen-Systems, doch mit dem Unterschiede, dass dabei, anstatt der Bahnen von mehreren der kleinen Planeten, die Bahnen der Cometen von kurzer Umlaufszeit vorgestellt sind.
3. Ein Apparat zur Darstellung der wahren und scheinbaren Bewegung eines Planeten. Zwei Kügelchen, welche die Erde und einen Planeten vorstellen, bewegen sich, mittelst einer Kurbel, in gegeneinander geneigten Bahnen. Ein Stab, welcher diese Kügelchen mit einander verbindet, zeichnet dabei auf eine Cylinder-Fläche die scheinbare Bewegung des Planeten-Kügelchens.

4. Eine grosse hölzerne, um eine Achse drehbare Kugel, mit Hülfs-Apparat, zur Erläuterung mehrerer Erscheinungen, welche von der Gestalt und der Rotation der Erde herrühren.

5. Ein Apparat zur Erläuterung des Einflusses, welchen die Rotation der Erde auf die Schwere an ihrer Oberfläche ausübt.

6. Ein Apparat zur Erläuterung des Zusammenhanges der Rotation und der Gestalt der Erde mit der Länge des Secunden-Pendels.

7. Ein Apparat zur Erläuterung der Aenderung, welche die Schwingungs-Ebene eines Pendels durch die Rotation der Erde erleidet.

8. Ein Apparat zur Erläuterung der Bewegungen von Sonne, Erde und Mond, um ihre gemeinschaftlichen Schwerpunkte.

9. Ein grosses Tellurium, Lunarium und Solarium nach Schulze.

10. Ein Apparat zur Erläuterung der Aberration.

11. Ein Apparat zur Erläuterung der Praecession und Nutation. Es ist ein eiserner Kreisel, mit versetzbarem Drehpunkt, worauf Magnetstäbe wirken.

12. Ein Apparat zur Erläuterung der jährlichen Parallaxe.

13. Eine Darstellung des Schatten- und Halbschatten-Kegels, durch zahlreiche, um zwei Kugeln gespannte, Fäden.

14. Ein Apparat, um zu erläutern, wie sich, mittelst Keppler's Gesetzen, aus drei beobachteten Richtungen eines Körpers des Sonnensystemes, dessen Entfernungen ableiten lassen.

15. Ein Apparat zur Erläuterung der Darstellung des Himmels auf einer Kugelfläche.

16. Ein Apparat zur Erläuterung der Theorie der Sonnen-Uhren.

17. Achtzehn Wandtafeln mit grossen Abbildungen von Himmels-Körpern und von Erscheinungen bei totalen Sonnenfinsternissen.

18. Eine kleine weisse Kugel, worauf die Flecken des Planeten Mars, nach meinen Beobachtungen, dargestellt sind.

Die obengenannten Versinnlichungs-Apparate von n°. 1 bis n°. 18 sind, mit Hülfe von Tischler und Schmied, von mir verfertigt.

19. Ein Planetarium, Tellurium und Lunarium, auf einem Tische, von Hartog van Laun.

20. Ein Tellurium, Lunarium und Solarium von Schulze.

21. Ein Tellurium und Solarium nach Grimm, von Kanitz.

22. Ein kleines Tellurium von Stiefel.

23. Ein kleines und einfaches Planetarium von Stiefel.

24. Eine Breiten-Bahn von Stiefel.

25. Ein Apparat zur Erläuterung der Abplattung der Erde von Lerebours.

26. Ein Apparat zur Erläuterung der Praecession nach Bohnenberger von Lerebours.

27. Ein Gyroscop von Fessel.

28. Ein grosser papierener Erdglobus mit einem Blasbalg von Lerebours.

29. Zwei kleine Globen.

30. Zwei Coniglobien.

31. Eine Planisphäre von Böhm.

32. Eine schwarze Kugel zum Demonstriren verschiedener Gegenstände.

33. Drei grosse Glaslinsen auf Fussgestellen, um die Brechung der Lichtstrahlen in Glaslinsen sichtbar zu machen.

34. Zwei hölzerne Modelle zur Erläuterung der Nonien, bei Kreisbogen un geraden Linien.

In Figur 1 von Tafel IV bezeichnet G einen Theil des Kreises mit einem seiner Zapfen und die Figuren 1 und 2 zeigen, mit hinreichender Deutlichkeit, wie die Zapfen in ihren Lagern ruhen. Am westlichen Pfeiler stösst der Zapfen gegen einen festen, aber durch Klemm- und Druckschrauben verstellbaren Stahlring. Am östlichen Pfeiler wird, wie die Figuren es zeigen, ein Stahlring gegen das Ende des Zapfens angedrückt durch zwei Spiralfedern, welche eine hinreichende Kraft haben, um das ganze Instrument auf seinen Lagern zu verschieben. So wird das Ende von einem der Zapfen stets gegen den festen Stahlring am westlichen Pfeiler angedrückt. Um die Reibung zu verringern, hat die Endfläche des durchbohrten Zapfens eine Erhöhung, wodurch sie nur in einer Kreislinie den Stahlring berührt. Die Stahlringe laufen nach oben in umgebogene Federn aus, welche die Metallstücke der Zapfenlager berühren und wovon eine sich in Fig. 2 zeigt. Diese Federn verhüten, dass das Instrument, beim Niederlassen auf die Zapfenlager, auf die Metallringe stossen kann, indem es längs diesen Federn gleiten muss.

An der anderen, in der Figur nicht sichtbaren, Seite des Pfeilers ist, in dessen Oeffnung, ein starker Metallring eingegipst, an welchen ein langes Blechrohr angeschraubt wird, welches an seinem Ende eine Laterne mit einer Lampe trägt. Eine dieser Röhren ist sichtbar in der Abbildung des ganzen Instrumentes, welche Tafel III giebt. Die Flamme dieser Lampe ist 1,30 Meter von der nächsten Seite des Pfeilers und 1,93 Meter von der Mitte des Instrumentes entfernt. Das Licht geht durch das Rohr B, die durchbohrten Scheiben C und D, die in deren Oeffnung angebrachten Glaslinsen und durch die, mit einer Glasplatte verschlossene, Oeffnung der durchbohrten Achse des Instrumentes, bis zum Cubus in der Mitte, an welchen die conischen Rohrhälften des Instrumentes festgeschraubt sind. Das Licht der Lampe des einen Pfeilers wird im Cubus, auf einem Glasprisma, direct nach dem Ocular-Ende des Fernrohrs zurückgeworfen und beleuchtet das Gesichtsfeld. Das Licht der Lampe am anderen Pfeiler wird, im Cubus, von dort angebrachten Prismen, nach Prismen am Ocular-Ende und von da auf die Fäden nach dem Auge zurückgeworfen und dient dazu, die Fäden in dunklen Felde zu beleuchten. Durch zwei Schraubenköpfe am Ocular-Ende des Fernrohrs, wovon einer sich in Tafel III. zeigt, werden Schirme im Inneren des Fernrohrs bewegt, wodurch sich beliebig jede dieser Beleuchtungen verdecken lässt und einer dieser Schraubenköpfe dient zugleich dazu, um Gläser, von verschiedener Farben, vor das beleuchtete Gesichtsfeld zu bringen.

Die Lampe an jedem Pfeiler, welche ihr Licht durch die durchbohrte Achse des Instrumentes sendet, dient zugleich dazu, die vier Stellen des getheilten Kreisrandes zu beleuchten, worauf die, an diesem Pfeiler befestigten Mikroskope gerichtet sind. Das Licht dieser Lampe geht von der Röhre B, nicht allein durch die Oeffnung in der Mitte der Scheibe C, sondern auch durch vier andere in dieser Scheibe eingebohrte Oeffnungen, an deren Ende sich Prismen befinden, wovon jedes mit einem der Mikroskop-Arme übereinstimmt und wovon zwei sich in der Figur zeigen. Diese Prismen sind durchaus unzugänglich und daher war es mir, ohne das Instrument auseinander zu nehmen, nicht möglich, in der Zeichnung genau auszudrücken, auf welche Weise sie befestigt sind. Die Metall-Scheibe D ist, vor jedem Prisma, in schräger Richtung durchbohrt und in jede Oeffnung ist ein messingenes Rohr eingeschoben, welches an seinem anderen Ende zwei Glaslinsen hat und wovon eines durch F in der Figur dargestellt wird. Das Licht der Lampe wird auf das Prisma durch das Rohr F zurückgeworfen und fällt auf einen durchbohrten weissen Schirm im Mikroskop, zwischen dessen Objectiv und den Rand des Kreises angebracht. Von diesem Schirme wird das Licht nach dem getheilten Rande des Kreises und von diesem, längs der Achse des Mikroskopes, nach dem Auge zurückgeworfen, wie dies in Fig. 1, durch punktirte Linien angedeutet wird. Die Mikroskope stehen senkrecht auf der Fläche des Kreises und, um die letztgenannte Reflexion zu ermöglichen, musste der eingelegte silberne getheilte Rand gegen die Fläche des Kreises geneigt sein. Beim Leidner Instrumente beträgt diese Neigung 8½ Grad.

Ursprünglich waren dem Instrumente Oel-Lampen beigegeben, wodurch der Rand nur schwach erleuchtet wurde. Ich habe das Licht sehr verstärkt, indem ich die Oel-Lampen durch Petroleum-Lampen ersetzte und, vor jede derselben eine mit Wasser gefüllte Glaskugel im Blechrohre einschaltete. Diese radiale Beleuchtung von vier Stellen des Randes, durch eine und dieselbe feste Lampe, welche zugleich die Fäden oder das Feld beleuchtet, ist sehr sinnreich und schön, aber es hat sich mir gezeigt, dass sie die Schärfe der Ablesungen sehr beeinträchtigt. Ueber dieses Ergebniss hatte ich einen anhaltenden und für mich sehr unangenehmen Streit mit den Künstlern zu führen, aber ich meinte doch, es hier erörtern zu müssen, theils weil meine Ansichten darüber nicht geändert sind, theils weil meine Erfahrungen mit dem Leidner Kreise, wenig auffallende, aber, meiner Meinung nach, sehr wesentliche Aenderungen bei den später für Leipzig, Washington und Berlin verfertigten Kreisen hervorgerufen haben.

Die Herren Pistor & Martins wünschten, unter gewissen Bedingungen, das Objectiv von sechs Zoll Oeffnung selbst zu liefern und ich habe durchaus keine Ursache, um mich darüber zu beklagen. Die Vortrefflichkeit des Objectives wird bewiesen durch die Bilder der Sterne erster Grösse, durch die Trennung von Doppelsternen, wobei die Entfernung kaum eine Secunde beträgt und durch die zahlreichen damit angestellten Beobachtungen von sehr lichtschwachen Planeten. Das Fernrohr hat vier Oculare, womit es 108, 131, 204 und 277malige Vergrösserungen erhält. Es kann eine weit stärkere als die 204malige Vergrösserung ertragen und ich meinte diese Vergrösserung als die normale, bei den Beobachtungen, wählen zu müssen. Bei den ersten Versuchen mit dem Meridian-Kreise war es mir sehr auffallend und äusserst befremdend, dass die acht Mikroskope des Instrumentes nur 18 fache Vergrösserungen hatten und Spinnefäden, deren Entfernung einen Raum von ungefähr 30 Secunden des Kreisrandes einnahm. Während sich mit dem Fernrohre, bei völliger Schärfe, eine Secunde am Himmel dem Auge unter einen Winkel von 204″ zeigte, zeigte sich eine Secunde des Randes, mit einem der Mikroskope, unter einen Winkel von nur 40″, und während man mit dem Fernrohre das kleine Bild eines Sternes sehr scharf von einem Faden konnte bisectiren lassen, hatte man, bei Ablesungen mit den Mikroskopen, einen Raum von ungefähr 30″, nach dem Augenmaasse, in zwei gleiche Theile zu theilen. Ich muss gestehen, dass die Unruhe des Bildes die Schärfe der Einstellung eines Sterns meistens beeinträchtigt, aber man braucht diese Schwierigkeit nicht durch eine mangelhafte Ablesung des Kreises zu vergrössern. Wäre es auch keine Vorschrift Bessel's, bei einem Instrumente die Schärfe der Ablesung am Kreise mit der Schärfe der Einstellung am Himmel in Uebereinstimmung zu bringen [1]), so musste ich doch die sehr grosse Disharmonie zwischen beiden Einstellungen bei dem Leidner Meridian-Kreise für einen sehr wesentlichen Mangel dieses Instrumentes halten. Nach Lacaille's Untersuchungen [2]) könnte man es bezweifeln, ob der Leidner Meridian-Kreis die Ablesung des Randes mit einer Sicherheit von weniger als einer Secunde gewährte, und diese kam mir um so mehr ungenügend vor, da Repsold's Universal-Instrument, mit einem Fernrohr von nur 21 Linien Oeffnung und Kreisen von nur 10 Zoll Durchmesser, Mikroskope hat, welche 54 mal vergrössern, womit die Ablesungen an diesem Instrumente ebenso scharf sind, als die Ablesungen am so viel grösseren Meridian-Kreise. Bei den letztgenannten Instrumente ist das ganze System für die Ablesungen, auch für die Grade und Minuten, auf eine nur 18malige Vergrösserung der Mikroskope berechnet, doch wollte man sich über einige Schwierigkeiten von weniger Bedeutung hinaussetzen, so schien es leicht, die Schärfe der Ablesungen zu vergrössern, durch das Einziehen von Fäden auf eine kürzere Entfernung, als die ursprüngliche und das Anwenden eines Oculars von stärkerer Vergrösserung. Ich gab einem der Mikroskope ein Ocular, womit es 44 mal vergrösserte, aber,

---

1) *Astr. Nachr.* n°. 339.
2) *Mémoire sur la détermination des distances polaires des étoiles fondamentales par* E. Lacaille. Paris. 1859. Seite 33.

Obschon ich keine Ursache habe, mich sehr darüber zu beunruhigen, dass beim Leidner Meridian-Kreise die Umwechselung von Objectiv und Ocular fehlt, welche bei drei neueren Kreisen angebracht ist, würde ich doch gewiss eine solche Einrichtung wünschen, falls ich jetzt einen Meridian-Kreis zu bestellen hätte. Ich bin keineswegs überzeugt, dass man nur diese Umwechselung einzuführen hat, um sich von der Elimination der Biegung versichern zu können, aber ich bedauere es doch, dass der Leidner Meridian-Kreis es jetzt nicht erlaubt, Untersuchungen darüber anzustellen.

Bekanntlich erhielt der, im Jahre 1829, für die Berliner Sternwarte bei Pistor bestellte Meridian-Kreis, auf Bessel's Vorschlag [1]), eine neue Einrichtung der Mikroskopträger. An jeden Pfeiler wurde ein Mikroskopträger befestigt, welcher aus einem Kreuze bestand, gebildet von vier Armen, welche frei, ohne weitere Seitenverbindung unter sich, von einem starken, metallenen Ringe ausgingen. Der Künstler hoffte auf diese Weise zu bewirken, dass die Arme sich nur in der Richtung ihrer Länge ausdehnen, ohne sich zu krümmen und diese Einrichtung ist, mit einer kleinen Abänderung, auch bei den späteren Kreisen aus der Werkstatt der Herren Pistor & Martins befolgt. Eine starke Metall-Scheibe wurde am Pfeiler befestigt und jeder Mikroskop-Arm liess sich, mittelst eines starken Klemmstückes, an einen beliebigen Punkt der Scheibe festklemmen. Jeder Mikroskop-Arm bestand aus einer starken metallenen Röhre und würde von einem freien hölzernen Rohr umgeben, um ihn gegen Luftzüge zu schützen, welche das Rohr ungleich erwärmen und also ein Krummziehen desselben zur Folge haben könnten. Diese Einrichtung scheint mir den Vorzug zu verdienen vor dem quadratischen Rahmen, an dessen Winkel die Mikroskope befestigt sind, denn eine ungleiche Ausdehnung dieses Rahmens muss die Mikroskope, auch in der Richtung der Theilung, verschieben und diese Verschiebung lässt sich nicht durch Libellen ablesen, an welche Theile des quadratischen Rahmens man diese auch befestigen möge. Als ich den Leidner Kreis bestellte, hatten die Herren Pistor & Martins kurz zuvor, bei den Kreisen für Albany und für Copenhagen, den Mikroskopen eine ganz andere Einrichtung gegeben. Bei diesen Instrumenten waren, wie bei den Meridian-Kreisen in Greenwich und dem des Herrn Carrington, welcher jetzt Eigenthum der Sternwarte in Oxford ist, die Pfeiler durchbohrt und in deren Oeffnungen die Mikroskope angebracht. Durch andere, in die Pfeiler gebohrte, Oeffnungen fiel das Licht einer Flamme auf die Stellen der Theilung, worauf die Mikroskope gerichtet sind, und der getheilte Rand hatte eine solche schräge Stellung, dass dieses Licht darauf, in der Richtung der Achse der Mikroskope, zurückgeworfen wurde. Aus mehreren Ursachen war ich gegen diese Einrichtung und von diesen Ursachen brauche ich nur die eine zu nennen, dass ich gewiss in Leiden keinen Arbeiter hätte finden können, der im Stande gewesen wäre, mit der erforderlichen Genauigkeit, die Löcher durch den Pfeiler zu bohren. Zu meinem Vergnügen erfuhr ich von den Herren Pistor & Martins, dass auch sie ihrer gewöhnlichen Einrichtung der Mikroskop-Träger den Vorzug einräumten und, nur auf den Wunsch der Besteller, bei den Kreisen für Albany und Copenhagen davon abgewichen waren. Es wurde also beschlossen, dem Leidner Kreis Mikroskop-Träger nach der gewöhnlichen Einrichtung der Herren Pistor & Martins zu geben, obschon es schien, dass deswegen die vermeinte schöne Radial-Beleuchtung des Randes aufgeopfert werden müsste. Bald aber erhielt ich von den Herren Pistor & Martins die Nachricht, dass sie eine Einrichtung erfunden hätten, um, mit ihren Mikroskop-Trägern, die Radial-Beleuchtung des Randes zu behalten. Diese Einrichtung wurde zum ersten Male bei dem Leidner Kreis ausgeführt und nachher, mit einer, scheinbar kleinen, doch sehr wichtigen, Aenderung, auch bei den Kreisen für Leipzig, Washington und Berlin befolgt.

Es sind einige Meridian-Kreise aus der Werkstatt der Herren Pistor & Martins, in ihren Ein-

---

[1]) *Astronomische Beobachtungen auf der Königlichen Sternwarte zu Berlin, Erster Band, Einleitung, Seite 8.*

zelnheiten, öffentlich beschrieben und abgebildet. Eine Beschreibung und Abbildung des Pistor'schen Kreises der Berliner Sternwarte, findet sich im ersten Bande der an der dortigen Sternwarte angestellten astronomischen Beobachtungen. Eine solche des Meridian-Kreises von Pistor & Martins der Sternwarte in Santiago ist gegeben in den *Observaciones astronomicas hechas en el observatorio nacional de Santiago de Chile, Tomo I.* Der grosse Meridian-Kreis von Pistor & Martins der Sternwarte in Albany wird, mit seinen Hülfsapparaten, ausführlich dargelegt in den *Annals of the Dudley Observatory Vol. I*, und mehrere Einzelnheiten dieses Instrumentes werden erörtert in den Schriften, welche durch das harte Geschick des Herrn Dr. Gould hervorgerufen sind. Eine, mit vielen Abbildungen erläuterte, Beschreibung des grossen Meridian-Kreises von Pistor & Martins der Sternwarte in Washington, ist von Herrn Prof. Newcomb gegeben in den *Observations made at the United States naval Observatory Washington, in the Year* 1865. Es erschien mir daher überflüssig, die vollständigen Beschreibungen von Meridian-Kreisen, wovon es so viele giebt, noch mit einer neuen zu vermehren oder zu wiederholen, was über die Kreise der Herren Pistor & Martins, im Allgemeinen, schon bekannt gemacht ist. Jedoch hielt ich es für zweckmässig, hier die Theile des Instrumentes zu erläutern, welche bei dem Leidner Meridian-Kreis zum ersten Male eine neue Einrichtung erhielten und bisher nicht vollständig öffentlich beschrieben wurden. Besonders glaubte ich die neue Beleuchtungsart des Randes erläutern zu müssen.

Fig. 1 auf Tafel IV giebt, in ein Viertel der wirklichen Grösse, eine horizontale Projection von einem Theile des Leidner Meridian-Kreises, so aufgenommen, als ob der darauf vorkommende Mikroskop-Arm, welcher eine Neigung von 45° gegen den Horizont hat, mit seinen zugehörigen Theilen, horizontal wäre. Die Mikroskop-Träger und Beleuchtungs-Vorrichtungen sind, an den inneren Seiten der beiden Pfeiler, auf vollkommen dieselbe Weise eingerichtet. Das Zapfenlager lässt aber am östlichen Pfeiler, dessen innere Seite in der Figur dargestellt ist, eine vertikale und an dem westlichen Pfeiler eine horizontale Verschiebung zu. In den Pfeiler, wovon sich ein Theil in der Schraffirung bei A zeigt, und welcher eine Dicke von 0,41 Meter hat, ist eine horizontale, runde Oeffnung gemauert, worin das sehr starke, innen conisch ausgedrehte, Metallrohr B eingegipst ist. Dieses Metallrohr B ist aus einem Stücke mit der starken durchbohrten Metallscheibe C, woran die Mikroskop-Arme geklemmt werden und mit der höheren, ebenfalls durchbohrten Metallscheibe D, welche einen kleineren Durchmesser, als C hat und das Zapfenlager trägt. Die Scheibe C ist an ihrem Umkreis schwalbenschwanzförmig ausgedreht und Fig. 1 zeigt, wie der Mikroskop-Arm E, an jeder beliebigen Stelle dieses Umkreises, festgeklemmt werden kann. Etwas deutlicher noch geht diess hervor aus Fig 2, welche die Ansicht der Scheiben C und D darstellt mit einem, an den erstgenannten befestigten, Mikroskop-Arm E, und einem, später zu beschreibenden, Hülfsapparat. Aus der dicken Scheibe D ist, an der Seite des Instrumentes, eine runde Höhlung ausgedreht, in Fig. 1 durch *a b c d* angedeutet, welche theilweise ausgefüllt wird von zwei eingeschraubten Segmenten H H, die sich in Fig 2 am deutlichsten zeigen und Leisten bilden, zwischen welchen sich das starke Metallstück I verschieben lässt, woran das Zapfenlager befestigt ist. Auf jeder Seite greift in dieses Metallstück eine starke Schraube, deren abgerundeter Kopf gegen den Rand der aus der Metallscheibe ausgedrehten Höhlung drückt. Die obere Schraube am östlichen Pfeiler zeigt sich in Fig. 2, wo die untere Schraube vom angebrachten Hülfsapparat verdeckt wird. Am westlichen Pfeiler hat man dieselbe Einrichtung, aber dort liegen die Leisten horizontal und lässt sich daher das Zapfenlager horizontal verschieben. Man verschiebt das Zapfenlager durch eine Drehung beider Schrauben, deren Köpfe stark gegen den Rand der in der Scheibe D ausgedrehten Höhlung drücken müssen. Dem Metallstücke wird zwischen seinen Leisten nicht der mindeste Spielraum gegeben. Diese ebenso solide, als zweckmässige Einrichtung, um die Zapfenlager zu versetzen und fest zu halten, ist bei dem Leidner Kreis zum ersten Male getroffen.

den Pfeilern und einer Höhe über den Fussboden von 1,4 Meter. Diese Darstellung ist einer Photographie entnommen, verfertigt von meinem Sohne Dr. P. J. Kaiser. Aus derselben ergiebt es sich zugleich, dass die Treppen zur Ablesung der Mikroskope in Leiden von den gewöhnlichen gänzlich verschieden sind. Die verdienstvollen Verfertiger des Instrumentes, überzeugt, dass eine bequeme Ablesung der Mikroskope von grosser Bedeutung ist, hatten die Gefälligkeit, mir eine Einrichtung der Treppen vorzuschlagen, welche ihnen als die zweckmässigste vorkam und welche, in mir gütigst zugeschickten Zeichnungen, vollständig dargestellt war. Ich habe diesen Vorschlag dankbar angenommen und genau befolgt und die Erfahrung mehrerer Jahre hat die Zweckmässigkeit der gewählten Einrichtung völlig erwiesen. Bei der Ablesung der unteren Mikroskope steht der Beobachter auf der unteren Stufe der Treppe und findet dort, in den Höhlungen der Pfeiler, wovon eine in der Figur sichtbar ist, den gehörigen Raum für seine Füsse. Zur Ablesung der oberen Mikroskope steigt er zu der vierten Stufe der Treppen auf, wobei die vier hölzernen Handhaben gute Dienste leisten und die Stufen ragen so über einander, dass man, auch im Finstern, sehr leicht den Platz für seine Füsse findet. Die Treppen haben keinen so grossen Umfang, als man nach der Figur glauben würde; denn die Treppe, welche jeden Pfeiler umgiebt, nimmt auf dem Fussboden ein Rechteck ein, welches eine Länge von 2,40 Meter und eine Breite von 1,25 Meter hat, während die Projection der Laterne am Pfeiler, auf dem Fussboden, noch 0,18 Meter über die Treppe hinausragt. Es versteht sich von selbst, dass die Treppen nirgendwo mit dem Pfeiler in Berührung kommen.

Es kam mir nicht nöthig vor, eine Abbildung des Glashauses zu geben, worin der Leidner Meridian-Kreis sich, mit seinen Treppen, verschliessen lässt, aber ich glaube doch kürzlich mittheilen zu müssen, was mir zu der Einführung dieses Glashauses Veranlassung gegeben hat. Auch an der Pulkowaer Sternwarte werden die Meridian-Instrumente, wenn sie unbenutzt sind, von Gehäusen bedeckt, doch in Leiden hat das Glashaus, anstatt der dortigen Vorhänge, Thüren, wodurch das Instrument sich gänzlich verschliessen und unzugänglich machen lässt. Es ist klar, dass dadurch das Instrument gegen viele schädliche Einflüsse geschützt wird, welchen es sonst ausgesetzt sein würde und besonders dieser Einrichtung muss es zugeschrieben werden, dass dasselbe jetzt, nach siebenjährigem Gebrauch, noch vollkommen dasselbe schöne Aussehn hat, als unmittelbar nach seiner Vollendung. Das Glashaus hatte aber auch den Zweck eine Schwierigkeit zu verringern, wovon man sich im Auslande kaum einen Begriff machen kann. In Holland ist die Luft, besonders im Winter, ungemein feucht und bei einem Uebergang von Frost in Thauwetter, wenn die Temperatur in wenigen Stunden eine sehr beträchtliche Erhöhung erleidet, ist die Luft meistens mit Wasserdünsten fast gesättigt. Dabei bleiben die Metall-Theile der grösseren Instrumente Stunden lang beträchtlich unter der Temperatur der umgebenden Luft und dadurch schlägt sich der Wasserdunst dergestalt auf den Instrumenten nieder, dass es den Anschein hat, als ob dieselben mit Wasser übergossen wären. Es ist unmöglich, die Refractoren vor diesem Beschlagen, welches sich in einem Winter bisweilen vier oder fünf mal wiederholt, zu schützen, während die mit Glaskasten überdeckten kleineren Instrumente, obschon sie zum Theil auch starke Metallstücke haben, davon verschont bleiben. Die Glaskasten verhüten nämlich das Beschlagen, indem die Temperatur sich, in ihren innern Raum, weit langsamer, als aussen erhöht und dieses Ziel hoffte ich auch, wenigstens zum Theil, mit dem Glashause des Meridian-Kreises zu erreichen. Es ist nicht immer möglich gewesen den Meridian-Kreis gänzlich vor dem Beschlagen zu schützen, aber bei beträchtlich raschen Temperatur-Erhöhungen im Winter, wird dessen Glashaus, während einiger Zeit, sorgfältig geschlossen gehalten, und dadurch hat das Instrument, wenigstens weit weniger als die Refractoren, von Holland's feuchtem Klima zu leiden. In der Figur zeigt sich, zur linken Seite, ein Theil in den Fussboden eingelassen Eisenbahn, worüber sich das Glashaus bewegt.

Nach der Ablieferung des Leidner Instrumentes sind aus der Werkstatt der Herren Pistor &

MARTINS, drei neue Meridian-Kreise hervorgegangen; einer von gleicher Grösse für die Sternwarte in Leipzig, ein grösserer für die Sternwarte in Berlin und ein noch grösserer für die Sternwarte in Washington. Jedes dieser drei neueren Instrumente hat eine Einrichtung zur Umwechselung von Objectiv und Ocular des Fernrohrs, welche bei dem Leidner Instrumente fehlt und worüber ich meinte, mich äussern zu müssen. Bei der Bestellung des Leidner Instrumentes ist nicht einmal davon die Rede gewesen, dasselbe zur Umwechselung von Objectiv und Ocular einzurichten. Die Herren PISTOR & MARTINS hatten diese Einrichtung noch bei keinem ihrer Kreise ausgeführt; in ihren Preisverzeichnissen ward sie nicht erwähnt und deren Anbringung ist mir von den genannten Herren auch nicht vorgeschlagen. Ich hatte damals keine Ursache, diese Einrichtung als ein Bedürfniss zu betrachten, denn, waren die Erfahrungen in Pulkowa ihr theilweise günstig und hatte sie das wichtige Urtheil des Herrn Geheimen-Raths HANSEN für sich, die Herren REPSOLD selbst, welche diese Einrichtung beim Pulkowaer Meridian-Kreise ausgeführt hatten, haben BESSEL'n den Rath gegeben, dieselbe nicht beim Königsberger Kreis anbringen zu lassen[1]) und Herr Dr. GOULD, der an der Pulkowaer Sternwarte gearbeitet hatte, entschied sich, bei der Bestellung des grossen Kreises für Albany, bestimmt gegen diese Einrichtung[2]). Herr Geheimer-Rath HANSEN hat, im Jahre 1839, die Bedingungen nachgewiesen, welchen diese Einrichtung genügen muss[3]), aber es fragt sich, ob diese Bedingungen sich in der Praxis erfüllen lassen und wie kleine Aenderungen des Instrumentes eine beträchtliche Aenderung der Biegung verursachen können, haben die Untersuchungen in Greenwich[4]) und Pulkowa[5]) gezeigt. Mir ist es immer zweifelhaft vorgekommen, ob, nach der Umwechselung, da es doch nicht möglich ist die Schrauben vollkommen ebenso stark anzuziehen, als sie es zuvor waren, die Biegung immer nur ihr Zeichen geändert haben wird und dieser Zweifel ist sehr vergrössert, nachdem es sich in Leiden ergeben hatte, dass die Biegung im Horizonte sich, bei einem der Kreise, um fast eine Secunde änderte, als man die Schrauben am Mittelpunct mehr oder weniger stark anzog. Die strengen Untersuchungen des zu früh verstorbenen Herrn PAPE, mit dem Altonaer Meridian-Kreise angestellt[6]) lassen es auch als unstatthaft erscheinen, dass man sich auf die Elimination der Biegung durch Umwechselung von Objectiv und Ocular verlasse.

Die Elimination der Biegung nach BESSEL's Theorie, durch Beobachtung des directen und des reflectirten Bildes, mit Umlegung des Instrumentes[7]), hat den sehr grossen Vortheil, dass dabei das Instrument durchaus keine Aenderung zu erleiden hat, aber sie hat doch auch einige Nachtheile. Der grösste Nachtheil dieser Methode scheint mir der zu sein, dass sie sich nicht bei Gestirnen anwenden lässt, welche dem Zenith oder dem Horizonte sehr nahe sind und also bei mehreren Gestirnen die unmittelbare Elimination der Biegung nicht erlaubt. Es ist immer etwas schwieriger Reflex-, als directe Beobachtungen anzustellen, aber diese Schwierigkeit lässt sich, durch eine gehörige Einrichtung der Hülfsapparate, verringern. Bei der ruhigen Lage der Sternwarte in Leiden liess es sich vorhersehen, dass dort die Reflex-Beobachtungen dieselbe Genauigkeit, als die directen haben würden und diese Vermuthung hat mich auch nicht getäuscht. In Leiden findet selbst die Besonderheit statt, dass die Reflex-Bilder fast immer ruhiger, als die directen Bilder sind.

1) *Königsberger Beobachtungen*, Band 27, Seite 11.
2) *Reply to the "Statement of the Trustees" of the Dudley Observatory, by BENJ. APTHORP GOULD JR. Albany*, 1859, Seite 131.
3) *Astr. Nachr.* n°. 389.
4) *Report of the Astronomer Royal*, read 1867, June 1.
5) *Resultate aus Beobachtungen des Polarsterns u. s. w. von* C. A. F. PETERS. *Bulletin de l'Acad. Imp. de St. Pétersbourg.* Tome II, n°. 20, 21, 22.
6) *Astr. Nachr.* n°. 1250—54. 7) *Astr. Nachr.* n°. 577—9.

**N. INSTRUMENTE ZUR ZEITBESTIMMUNG, IM BÜRGERLICHEN
LEBEN ZU BENUTZEN.**

1. Ein hölzernes Instrument zur Zeitbestimmung, älterer Construction, von VAN DER KRAAN in IJsselmonde.
2. Ein hölzernes Instrument zur Zeitbestimmung, neuerer Construction, von VAN DER KRAAN.
3. Ein Sextant zur Zeitbestimmung von BRANDEGGER.
4. Ein Sextant zur Zeitbestimmung von STIEFEL.
5. Eine allgemeine Sonnen-Uhr von EBLE.
6. Ein Sextant zur Zeitbestimmung, mit dem dazu gehörigen Netz, von EBLE.
7. Ein Horoskop von EBLE.
8. Ein Quadrant mit Schieber zur Zeitbestimmung von SEILER.
9. Eine Minuten-Sonnen-Uhr von ULLMAN in Zwolle.
10. Eine Minuten-Sonnen-Uhr von BAUMGARTNER.

**O. GERÄTHE.**

1. Eine eiserne Drehbank von HAMANN in Berlin, ein Meter lang, mit Support, Einsetzstücken und den erforderlichen Drehstühlen zum Abdrehen und zum Einschneiden von Schraubengewinden.
2. Eine grössere und gröbere eiserne Drehbank.
3. Zwei kleine Uhrmacher-Drehbänke.
4. Eine Bohrmaschine von HOTZ.
5. Eine kleine Maschine, um rechtwinklich zu bohren.
6. Vier Schraubstöcke.
7. Zwei Platten zum Einschneiden von Schraubengewinden.
8. Zwei Schrauben-Kluppen.
9. Ein Dicken-Messer.
10. Ein englischer Schraubenschlüssel.
11. Zwei Drehschleifsteine in ihren Gefässen.
12. Zwei ebene Smirgel-Schleifsteine.
13. Ein kleiner Arkansas-Schleifstein.
14. Einige Smirgel-Feilen.
15. Mehrere Zangen, Sägen, Meissel und Feilen.

# BEMERKUNGEN ÜBER DEN MERIDIAN-KREIS DER STERNWARTE IN LEIDEN UND DIE DAZU GEHÖRIGEN HÜLFSAPPARATE.

## A. DIE EINRICHTUNG DES MERIDIAN-KREISES.

Indem in diesem ersten Bande der Annalen der Sternwarte in Leiden ausschliesslich am Meridian-Kreise angestellte Beobachtungen veröffentlicht werden sollen, glaubte ich hier die Eigenthümlichkeiten des dabei angewandten Instrumentes besprechen zu müssen. Ich behalte mir vor, wenn ich die Herausgabe eines zweiten Bandes der Annalen erlebe, darin auf die Eigenthümlichkeiten der übrigen Instrumente der Sternwarte einzugehen.

Als ich im Jahre 1859 einen Meridian-Kreis für die neue Sternwarte in Leiden bei den Herren Pistor & Martins in Berlin bestellte, hatten diese Künstler schon Meridian-Kreise für die Sternwarten in Berlin, Bonn, Ann-Arbor, Albany, Santiago, Palermo, Parma und Copenhagen geliefert und, obgleich nur wenige strenge Untersuchungen dieser Instrumente veröffentlicht waren, konnte das Zutrauen, welches die Herren Pistor & Martins sich erworben hatten, mich für den Leidner Kreis das Beste hoffen lassen. Keinenfalls hätten, bei der Bestellung des Meridian-Kreises, die Umstände es erlaubt, beträchtliche Aenderungen der, in den Preisverzeichnissen beschriebenen, Einrichtung dieses Instrumentes auszubedingen und ich war auch um so weniger berechtigt, solche Aenderungen zu wünschen, als ich in dem Gebrauche eines Meridian-Kreises keine Erfahrung hatte. Mögen meine jetzigen Erfahrungen mir auch Veranlassung geben zu dem Wunsche, dass es möglich wäre, gewisse Aenderungen am Leidner Meridian-Kreise vorzunehmen, mein Verfahren, die Art der Einrichtung des Instrumentes nicht zu beeinflussen, wird auch dadurch gerechtfertigt, dass man selbst in Washington, im Jahre 1863, bei der Bestellung des grossen Meridian-Kreises für die dortige Sternwarte, die Einrichtung desselben gänzlich den Ansichten der Künstler überlassen hat[1]).

Tafel III giebt eine perspectivische Darstellung des ganzen Leidner Instrumentes, aus einem Augenpunkte an dessen westlicher Seite, auf eine Entfernung von 7,7 Meter von der Mitte zwischen

[1]) *Washington Observations during the Year 1865, Appendix I, Introductory note* und § 10.

obschon das Mikroskop dieses Ocular vollkommen gut ertrug, so zeigten sich jetzt die Striche des Kreises, zu meinem Erstaunen, so wenig scharf begrenzt und so unmunter, dass mit der stärkeren Vergrösserung nichts gewonnen war. Bei Repsold's Universal-Instrument zeigen sich die Striche, bei einer 54maligen Vergrösserung der Mikroskope, vollkommen sauber und scharf begrenzt und, da ich nicht glauben konnte, dass es die Theilstriche eines Instrumentes der Herren Pistor & Martins selbst seien, die so ungeheuer schlecht wären, suchte ich die Ursache des Uebels in der Beleuchtungsart, wo dieselbe auch sofort aufgefunden wurde. Bei Repsold's Universal-Instrument stehen die Mikroskope nahe senkrecht auf der Fläche des getheilten Randes und wird der Punkt des Randes, worauf das Mikroskop gerichtet ist, von einem weissen Schirme, von allen Seiten, und also durch diffuses und nicht durch Reflex-Licht, beleuchtet. Wurde beim Repsold'schen Instrumente die Beleuchtungs-Art des Meridian-Kreises nachgeahmt, so zeigten sich seine Striche noch weit hässlicher, als bei diesem Instrumente. Wurde beim Meridian-Kreise die Beleuchtungsart des Universal-Instrumentes nachgeahmt, so zeigten sich seine Striche, auch bei einer mehr als 51maligen Vergrösserung des Mikroskopes, vollkommen scharf und sauber. Jeder, der die Sternwarte in Leiden besucht, kann sich, in wenigen Minuten, von der Richtigkeit dieser Erfahrung überzeugen.

Der getheilte silberne Rand erhält, beim Poliren, kleine und feine wellenförmige Unebenheiten, welche mit dem Kreise concentrisch sind und durch das Messer, welches die Striche macht, mehr oder weniger eingedrückt werden. Diese Unebenheiten sind gänzlich unsichtbar, wenn sie von allen Seiten, durch diffuses Licht, beleuchtet werden, und stehen die Mikroskope dabei nahe senkrecht auf der Fläche der Theilung, so zeigen sich die Striche, unentstellt, als schwarze Linien auf einem mattweissen Grunde. Bei schräger Stellung des Randes und dessen Beleuchtung durch Reflex-Licht kommt das Licht nur von einer Seite, beleuchtet also nur eine Seite der Unebenheiten, während die andere dunkel bleibt und es zeigen sich, bei einer stärkeren Vergrösserung, falsche und unregelmässige Querstriche auf dem Rande, und da das Messer den Erhöhungen mehr oder weniger eindrückt, sind diese Querstriche am stärksten an den Seiten der Theilstriche, mit denen sie sich vermischen und welchen sie ein unsauberes Ansehn geben. Durch eine sehr schwache Vergrösserung der Mikroskope, kann diese störende Unsauberkeit der Striche wohl verdeckt, aber keineswegs aufgehoben werden, doch wird sie verringert in demselben Maasse, als die schräge Stellung des Randes verringert wird. Die Herren Pistor & Martins, welche meine Ansichten keineswegs theilen und bei der Behauptung bleiben, dass die Rand-Beleuchtung durch Reflex-Licht, unter gewissen Bedingungen, die beste sei, haben doch, zu meiner Freude, in meinen Erfahrungen Veranlassung gefunden um, bei den neueren Kreisen für Leipzig, Washington und Berlin, die Neigung des silbernen Randes zur Fläche des Kreises, welche in Leiden 8½ Grad beträgt, bis auf 4 Grad zu verringern und den Mikroskopen dieser Instrumente eine 30malige Vergrösserung zu geben. Die Herren Pistor & Martins haben die Güte gehabt, für die Mikroskope des Leidner Kreises neue Oculare zu geben, womit dieselben eine 31malige Vergrösserung erhalten. Mit dieser Vergrösserung zeigen sich die Mängel der Seitengrenzen der Striche schon sehr deutlich, welches gewiss nicht der Fall sein würde, wenn die Neigung des silbernen Randes nur 4 Grad betrüge. Durch die stärkere Vergrösserung wird das eigentliche Uebel nicht aufgehoben, aber sie hat doch zur Folge, dass man, mit weniger Anstrengung des Auges, dieselbe Genauigkeit erreicht und dies ist von grosser Wichtigkeit an einer Sternwarte, wo so viele Beobachtungen angestellt werden, wie an der Leidner, wenn der Beobachter nicht wünscht, von Blindheit bedroht zu werden.

Als Herr Martm sich [1]) unzufrieden zeigte mit den Leistungen des grossen und neuen Meri-

---

[1]) Astr. Nachr. n°. 1260—3.

dian-Kreises der Sternwarte in Greenwich, machte er die Bemerkung, dass die zu kleine Vergrösserung der Mikroskope dieses Instrumentes die Genauigkeit der Beobachtungen sehr beeinträchtigen müsste. Es kommt mir nicht unwahrscheinlich vor, dass dort, eben so wie in Leiden und aus derselben Ursache, die Striche keine stärkere Vergrösserung ertragen, wenn sie sich nicht zu wenig scharf begrenzt zeigen sollen. Vielleicht wird in Greenwich, eben so wie in Leiden, die Schärfe der Ablesungen sehr durch die Beleuchtungsart beeinträchtigt und zu diesem Grunde, die Beleuchtung durch das centrale Reflex-Licht zu verwerfen, kommt noch ein anderer hinzu, welcher, meinen Ansichten nach, nicht unwichtig ist. Es werden nämlich dabei allein vier Stellen des Randes beleuchtet, worauf die Mikroskope, bei einer gegenseitigen Entfernung von 90°, gerichtet sind. Bei der Untersuchung der Theilung müssen die Mikroskope auf ganz andere und sehr verschiedene Entfernungen von einander gebracht werden und dann lässt sich doch die ursprüngliche Radial-Beleuchtung nicht anwenden.

Die Herren Pistor & Martins haben mir vorgeschlagen, beiden Kreisen eine Theilung, nicht wie gewöhnlich von 2 zu 2, aber von 5 zu 5 Minuten zu geben, indem sich dadurch die Theilung zu einer höheren Vollkommenheit würde bringen lassen. Ich habe diesen Vorschlag angenommen, da ich das Ganze besonders auf die Genauigkeit der Beobachtungen einzurichten wünschte und alles mir willkommen war, was diese Genauigkeit fördern konnte. Bei der Absendung des Instrumentes schrieben mir aber die Herren Pistor & Martins, dass die Theilung in einem geheizten Raum statt gefunden hatte und nicht zu ihrer Zufriedenheit ausgefallen war. Diese Nachricht war mir sehr unangenehm und ich hätte gern noch einige Monate auf das Instrument gewartet, um eine mehr vollkommene Theilung zu erhalten. Es hat sich leider auch gezeigt, dass die Theilungen, bei dem Leidner Instrumente, sich kaum mit den Theilungen bei den, kurz nachher, für Washington gelieferten Instrumente vergleichen lassen. Die Herren Pistor & Martins haben die Güte gehabt, mich genau mit der Weise bekannt zu machen, wie die Theilungen ausgeführt sind [1]. Daraus ergiebt es sich, dass die verschiedenen Striche auf ganz verschiedene Art eingezogen sind und also auch ganz verschiedene Fehlerquellen haben müssen. Die Untersuchungen über die Theilungen des Leidner Instrumentes sind noch nicht beendigt, aber bisher hat man dort keinen Zusammenhang zwischen den Fehlern der Striche entdecken können und es würde bei diesem Instrumente gewiss ganz unstatthaft sein, eine Formel aus bekannten Fehlern abzuleiten, um danach auf unbekannte Fehler zu schliessen. Diese Eigenschaft mag bei dem Leidner Kreise besonders auffallend sein, ich habe indessen Ursache zu glauben, dass sie bei Meridian-Kreisen sich öfter findet, als gewöhnlich vorausgesetzt wird. Der Leidner Kreis erfordert eine directe Bestimmung der Fehler der benutzten Striche und, für die unbeschränkte Anwendung desselben, hat man die Fehler aller seiner Striche direct zu bestimmen. Die Herren Pistor & Martins haben gütigst angeboten, einem der Kreise eine neue und bessere Theilung zu geben, aber von diesem Anerbieten konnte kein Gebrauch gemacht werden. Es hat bei uns zu grosse Schwierigkeiten, einen Theil eines schon abgelieferten Instrumentes in's Ausland zu schicken; die zahlreichen Beobachtungen, wofür die Theilungsfehler noch nicht bestimmt sind, würden gänzlich verloren gehen und die Beobachtungen würden, für eine längere Zeit, gänzlich unterbrochen werden müssen. Wird die Theilungsart beibehalten, so wird man doch niemals, mit einiger Sicherheit, von den Fehlern der Hauptstriche auf die Fehler der Zwischenstriche schliessen können und müssen die Fehler doch bestimmt werden, so ist es gleichgültig, ob sie etwas grösser oder kleiner sind. Es wäre sehr zu wünschen, dass W. Struve's Aufforderung Genüge geleistet würde [2] und auch andere

[1] Die Mittheilungen darüber sind aufgenommen in der Inaugural-Dissertation des Herrn Dr. N. M. Kam: *Over de fouten in de verdeeling der cirkels van sterrekundige werktuigen*, Leiden, 1863.
[2] Astr. Nachr. n°. 345. Seite 157.

Künstler die Art und Weise bekannt machten, wie sie die Theilung grösserer Kreise ausführen. Dadurch würde sich die Berechtigung der öfters gemachten Voraussetzung des Zusammenhanges zwischen den Theilungsfehlern beurtheilen lassen.

## B. DIE VON DEN KÜNSTLERN GELIEFERTEN HÜLFSAPPARATE.

*Die Libelle.* Dem Instrumente ist von den Künstlern eine Hängelibelle mitgegeben, übereinstimmend mit derjenigen des Kreises von Albany, welche in den *Annals of the Dudley observatory, Vol. I, Tafel I* abgebildet ist. Die eigentliche Libelle, hat, so wie alle Libellen aus der Werkstatt der Herren Pistor & Martins an der Leidner Sternwarte, das besondere, dass im Glasrohr, auf eine Entfernung von einigen Centimetern von einem seiner Enden, eine gläserne Zwischenwand eingesetzt ist, welche unten eine Oeffnung hat. Mittelst dieser Zwischenwand kann man der Blase eine beliebige Grösse geben und sie also, auch bei Temperatur-Aenderungen und bei nicht zu starker Verdunstung, auf derselben Grösse erhalten. Es sind mir wohl Vortheile, aber keine Nachtheile dieser Einrichtung aus der Erfahrung bekannt. Das Glasrohr ist in ein starkes Metallrohr gefasst, welches sich, durch Stellschrauben, in einem äusseren Metallrohr versetzen lässt. Dieses äussere Metallrohr hat oben eine, mit einer Glasplatte verdeckte, Oeffnung und an dasselbe sind die Arme mit den Haken befestigt, womit das Ganze auf die Zapfen zu liegen kommt. Das äussere Rohr ist mit Fuch und die Arme sind mit Leder bekleidet. Die Haken der Libelle umgeben die Zapfenlager, ohne sie zu berühren und ruhen auf der Achse in zwei Punkten, welche genau in derselben vertikalen Ebene mit den Punkten liegen, womit sie selbst in ihren Lagern ruhen.

Schon am Ende des Jahres 1862 war der Aether der Libelle so sehr verdunstet, dass sie sich nicht mehr anwenden liess. Es zeigte sich, dass eines der zwei Deckgläser zerbrochen war, und ohne Zweifel hat diese Zerbrechung statt gefunden beim Einschieben des Glasrohres in das Metallrohr, in dem es gehalten wurde durch Fäden, womit es so dick wie möglich umwunden war. Ich habe die Libelle auf's Neue gefüllt und mit einem Deckglas versehen und zugleich die Fassung des Glasrohres dergestalt geändert, dass es unten, an jedem Ende, auf zwei feste Punkte zu ruhen kam; wogegen es, von oben, durch eine Feder angedrückt wird. Auch im Jahre 1805 hat sich eine zu grosse Verdunstung gezeigt.

Die Libelle ist höchst empfindlich und steht sehr rasch still. Anfangs wurde dieselbe in dem Schrank E, Tafel II Fig. 3, aufbewahrt, aber nach dem Anhängen am Instrumente zeigten sich öfters sonderbare Erscheinungen, welche nur von dem kleinen Temperatur-Unterschied zwischen dem Schrank und dem Meridian-Saal herrührten. Nachher wurde die Libelle im Glashaus des Meridian-Kreises aufbewahrt. Obschon die Libelle von zwei Metallrohren und der dazwischen liegenden Luftschicht umgeben ist, kommt die Blase in Bewegung, wenn man, bei der Ablesung, nur etwas zu lange mit einer Lampe vor der Libelle verweilt.

*Der Umlegebock.* Dieser stimmt vollkommen mit dem Umlegebock des Kreises in Albany überein, welcher in den *Annals of the Dudley Observatory Vol. I*, Seite 20, abgebildet ist. Nachher hat man, wie sich aus der Beschreibung des Washingtoner Kreises, Tafel IV und V, ergiebt, an diesem Hülfsapparate eine Verbesserung angebracht, wodurch das Umdrehen des Instrumentes etwas erleichtert wird. Der Umlegebock in Leiden hat seine Dienste immer vollkommen gut geleistet. Da er berechnet war für eine Eisenbahn, welche auf dem Fussboden lag und ich es vorzog, die Eisenbahnen in den Fussboden einzulassen, musste ich den oberen Theil des Umlegebockes etwas erhöhen.

*Die Collimatoren.* Zu den von den Herren Pistor & Martins gelieferten Hülfsapparaten gehören zwei Collimatoren, als Nivellir-Apparate eingerichtet und vollkommen übereinstimmend mit den Collimatoren des Kreises in Albany, welche in den *Annals of the Dudley Observatory Vol I*, Tafel VI, vollständig abgebildet sind. Es war keineswegs meine Absicht, bei den täglichen Beobachtungen, den Horizontpunkt vermittelst Collimatoren zu bestimmen, denn ich habe schon anfangs die Bestimmung des Nadirpunktes, nach Bohnenberger's Methode, vorgezogen, doch wünschte ich diese Collimatoren, zur Anstellung von Untersuchungen über die Biegung, auszuwenden, wobei sie jedoch nur wenig Dienste geleistet haben. Die Fernrohre dieser Instrumente haben Objective von nur 20½ Linien Oeffnung und 24 Zoll Brennweite und diese Dimensionen zeigten sich, für so scharfe Beobachtungen, als ich wünschen musste, zu klein. Die Zapfen dieser Instrumente sind von Glocken-Metall und ruhen, mit dem vollen Gewichte des Instrumentes, auf eisernen Lagern, weshalb sie sich kaum, ohne eine Abnützung der Zapfen, drehen lassen. Objectiv und Ocular dieser Apparate sind nicht zur Umwechselung eingerichtet. Es ergab sich, dass sie selbst eine beträchtliche Biegung erleiden und deshalb keine genaue Bestimmung des Horizontpunktes gestatten. Einer dieser Collimatoren ist, bei Untersuchungen über die Biegung, angewandt um, an beiden Seiten des Meridian-Kreises, wenn auch unbekannte, doch gleiche kleine Höhen zu geben. Aus der Beschreibung des Washingtoner Kreises ergiebt es sich, dass die Collimatoren nachher sehr beträchtliche Verbesserungen erhalten haben. Die Washingtoner Einrichtung ist auch bei den Instrumenten für Leipzig und Berlin befolgt.

*Die Hülfsapparate zu Nadir-Bestimmungen.* Die Künstler haben dem Instrumente einen angequickten Quecksilber-Horizont beigegeben, welcher aus einer, in eine Eisenplatte gefassten und von einem eisernen Deckel verschlossenen Kupfer-Schale besteht, welche einen Durchmesser von 191 Millim. oder von ungefähr 7 Zoll und eine Tiefe von 13 Millim. hat. Dieser Horizont ist nicht benützt, indem es, meinen Untersuchungen nach, vortheilhafter ist, den Durchmesser der Schale weit grösser und deren Tiefe weit kleiner zu nehmen. Zur Beleuchtung des Hintergrundes, bei Nadir-Bestimmungen, ist dem Instrumente ein auf einen Ring gestelltes Stückchen Planglas hinzugefügt, welches auf das Ocular gesetzt wird und seine Dienste sehr gut leistet. Auf dem östlichen Pfeiler steht eine, in Tafel III sichtbare, messingene Säule, um die sich ein horizontaler Arm dreht, an dessen Ende sich eine Platte findet, zur Aufnahme einer kleinen Laterne. Durch Umdrehen des horizontalen Armes, musste die Laterne, zur Beleuchtung des Hintergrundes, in die Nähe des Oculars gebracht werden. Dieser Apparat ist nicht benützt, denn, wie unglaublich es scheint, zeigte sich einige Abhängigkeit des Nadirpunktes von dem Stande dieses Armes. Das Gewicht des Armes war hinreichend, um eine, obschon sehr kleine, doch bemerkbare, Biegung des Pfeilers und damit eine Drehung der Mikroskope hervorzubringen. Es zeigte sich wirklich eine kleine Aenderung des Nadirpunktes, als man den Arm von der Nordseite nach der Südseite hinüberbrachte. Um hinreichendes Licht zu erhalten, musste dabei die Laterne dem Oculare allzu nahe gebracht werden und es zeigte sich ein kleiner Einfluss der ungleichen Erwärmung des Rohres, welche dadurch verursacht wurde.

*Der Fühlhebel.* Da dem Meridian-Kreise kein Hülfsapparat zur Untersuchung der Form der Zapfen beigegeben war und ein solcher Apparat auch nicht in dem Preisverzeichniss der Herren Pistor & Martins vorkommt, habe ich schon längst, zu diesem Zwecke, einen Niveau-Fühlhebel entworfen, welchen ich selbst zu verfertigen brabsichtigte, doch zu dessen Verfertigung mir stets die erforderliche Zeit fehlte. Als ich, im Herbste des Jahres 1867, in Berlin war, theilte mir Herr Martins mit, dass er einen Fühlhebel eigner Construction für den neuen Meridian-Kreis der Berliner Sternwarte in Arbeit nehmen würde. Ich bat Herrn Martins, einen solchen Apparat auch für den Leidner Kreis unaufertigen und, im Frühling des Jahres 1868, wurde derselbe abgeliefert. Dieser sinnreiche und schön gearbeitete Apparat scheint mir eine Abbildung und Beschreibung, welche ihm noch nicht zu Theil geworden ist, zu verdienen. Der Fühlhebel ist in Fig. 2 auf Tafel IV, in ein Viertel der natürlichen Grösse, dargestellt. Der ganze Apparat wird, mit zwei Schrauben, deren Köpfe $a$ und $b$ in der Figur zum Theile sichtbar sind, an das starke Metallstück, welches das östliche Zapfenlager enthält und sich vertikal verschieben lässt, festgeschraubt. Diese Schrauben klemmen an das genannte Metallstück unmittelbar nur eine kleine messingene Platte, woran der ganze Apparat hängt und sich um eine feine Achse drehen lässt. Der Haupttheil des Apparates ist ein messingenes Lineal, 0,583 Meter lang und 0,022 Meter breit, woran der stählerne Haken $c$ fest sitzt. Das ganze Lineal dreht sich, mit den Haken und allen übrigen Theilen des Apparates, um eine feine Achse, deren Zapfen an der hinteren Seite von der kleinen Platte und an der vorderen Seite von dem daran angeschraubten Klemmstücke $d$ getragen werden. Da die Achse nicht in der Mitte des Lineals liegt, drückt dieses, durch sein Gewicht, die Spitze des Hakens $c$ gegen die Zapfen des Instrumentes und der Berührungspunkt liegt mit dem Mittelpunkte des Zapfens in derselben horizontalen Linie. Dieser Druck wird durch eine stählerne Feder, welche sich in der Figur, zur linken Seite des Lineals, zeigt, verringert. Am Lineal ist ein zweites Klemmstück $e$ befestigt, welches eine zweite Achse trägt, um welche sich der zweite Haken $f$, mit dem daran verbundenen Arme $g$ bewegt. Der Haken $f$ drückt gegen den Zapfen mit einer Stellschraube, wodurch die Entfernung der Spitzen der Haken sich gehörig reguliren lässt. Die beiden Haken umgeben das Zapfenlager, dessen Form sich aus Fig. 2 ergiebt. Am Lineal ist, bei 4, ein Klemmstück angeschraubt, mit einer dritten feinen Achse, um die sich der lange Zeiger, zwischen $h$ und $i$, bewegt. Der Zeiger ist ein Hebel mit sehr ungleichen Armen, dessen oberer Arm, auf den das Ende des Armes $g$ wirkt, in der Figur vom Klemmstücke $h$ verdeckt wird. Eine, in der Figur sichtbare, Feder drückt gegen den Zeiger und, da dieser den Arm $g$ mitnehmen muss, wird durch die Feder auch die Schraube am Haken $f$ zart gegen den Zapfen angedrückt. Am unteren Ende des Lineals ist eine kleine Scala, in 30 halbe Millimeter getheilt, auf welcher der Zeiger spielt. Durch die Combination beider Hebel wird eine Aenderung der Entfernung, zwischen den Spitzen beider Haken, durch den Zeiger auf der Scala 500 mal vergrössert, abgelesen. Ein Theil der Scala giebt also ein Tausendstel eines Millimeters an und wenn die drei feinen Achsen ihre Dienste vollkommen gut leisten, müssen sich mit diesem Apparat noch weit kleinere Unterschiede zwischen den Durchmessern desselben Zapfens erkennen lassen. Bringt man ein Stückchen des allerdünnsten Postpapiers zwischen den Zapfen und die Spitze von einem der beiden Haken, so verstellt sich die Spitze des Zeigers mehr, als der ganze Umfang der Scala beträgt.

## C. DIE IN LEIDEN NEU ANGEWENDETEN HÜLFSAPPARATE.

*Die Einrichtungen zur Nadir-Bestimmung.* Es war schon anfangs meine Meinung, dass Libellen, an welche Theile der Mikroskop-Träger sie befestigt sein mögen, die Drehung der Mikroskope um den Mittelpunkt des Kreises und die daraus entstehenden Aenderungen der Ableaungen, nicht mit hinreichender Genauigkeit zeigen können. Ich glaubte eine beständige Controle der Stellung der Mikroskope nur in den Nadir-Bestimmungen finden zu können und indem es mir nothwendig vorkam, diese Bestimmungen sehr häufig anzustellen, habe ich mich bereitet dieselben, durch geeignete Hülfsapparate, leicht und sicher zu machen. Erstens habe ich viele Versuche mit künstlichen Horizonten verschiedener Art angestellt, und am Ende wählte ich die ursprüngliche Einrichtung des SCHUMACH'schen angequickten Quecksilberhorizontes [1]). Der Horizont, der mir am meisten gefällt, besteht aus einer runden Kupferschale von 0,35 Meter Durchmesser und nur 3 Millimeter Tiefe. Diese Schale liegt in einem niedrigen viereckigen hölzernen Gefäss, mit einer, durch einen hölzernen Stöpsel verschliessbaren Oeffnung in einer seiner Seitenwände gerade am Boden, durch welche man das überflüssige Quecksilber auffangen kann. Dass Kupfer lässt sich öfters mit dem Quecksilber nicht gut amalgamisen, wenn man ziemlich concentrirtes Scheidewasser anwendet, doch fallen alle Schwierigkeiten weg, sobald man dieses in hohem Grade mit Wasser verdünnt. Es ist von grosser Wichtigkeit die Oberfläche des Quecksilbers von einer Oxydhaut gänzlich frei zu halten. Dies ist sehr leicht, indem man mit einer feinen Feder über die Oberfläche des Quecksilbers streicht und die Oxydhaut, über den Rand der Schale, in das hölzernen Gefäss wirft.

Anfangs habe ich den Quecksilber-Horizont, eben so wie es an der Sternwarte in Königsberg geschieht [2]), auf das Fundament des Meridian-Kreises, unter den Fussboden gestellt und gegen Luftzüge gesichert. Es zeigte sich aber, als der Deckel im Fussboden geöffnet war, eine Veränderlichkeit in der Oberfläche des Quecksilbers, welche vom Temperatur-Unterschiede unterhalb und oberhalb des Fussbodens herrührte und welche mich zwang, diese, sonst so bequeme, Einrichtung bald zu verlassen. An die innere Seite von jedem der Pfeiler habe ich Kupferstücke eingegipst, auf deren hervorragende Theile sich ein Brett legen lässt, um den Horizont zu tragen. Die Schale wird von einem Cylinder aus Pappe umgeben, um das Quecksilber gegen Luftzüge zu schützen. Die Bilder der Fäden sind gewöhnlich vollkommen ruhig und scharf.

Wenn das Fernrohr auf das Nadir gerichtet ist, erhebt sich dessen Ocular bis zu einer Höhe von 3,31 Meter über dem Fussboden. Bei Nadir-Bestimmungen muss der Beobachter, während sein Auge sich in der genannten Höhe befindet, zwischen den Kreisen des Instrumentes stehen. Es war von grosser Wichtigkeit, eine Anordnung zu treffen, wodurch dieses, so oft man nur wolle, geschehen könnte, ohne das Instrument oder den Beobachter in einige Gefahr zu bringen. Das Anbringen von festen Treppen wurde, eben so wenig durch die Natur des Instrumentes als durch den Raum im Meridian-Saale, zugelassen und es kam mir zu gefährlich vor, jedesmal eine gewöhnliche Treppe auf Rollen zwischen die Kreise des Instrumentes zu schieben. Ich habe in dem beschränkten Raume des Meridian-Saales, durch eine, sich auf einer Eisenbahn bewegende, Tribüne meinen Zweck zu erreichen gesucht.

Fig. 3 von Tafel IV giebt eine Darstellung der Nadir-Tribüne, nach einer Photographie meines Sohnes D$^r$. P. J. KAISER. Sie ist aus Holz angefertigt und hat die Form einer abgestumpften vierseitigen Pyramide, welche eine Höhe von 2,12 Meter und, am Fussboden, eine Basis mit einer Länge von 1,02 und einer Breite von 0,86 Meter, hat. Oben hat diese Tribüne eine, mit einem eisernen Geländer umgebene, Plateforme, deren Länge 0,71 Meter und Breite 0,62 Meter beträgt. Zu dieser Plateforme gelangt man auf einer Treppe, welche an einem Seil hangend, durch ein Gewicht im Fussgestell der Pyramide, nahezu in Gleichgewicht gehalten wird. Diese Treppe lässt sich, mit ihrem Geländer, gegen eine der Seiten der Pyramide zusammenschlagen, so dass die Projection des Ganzen über den rechteckigen Raum zwischen den Füssen kaum hinausgeht. Die Treppe kann, ohne grosse Kraftanstrengung, in einem Augenblicke niedergelassen und ebenso wieder mit der Tribüne zusammengeschlagen werden. Das Ganze ruht, mit vier eisernen Rollen, auf einer im Fussboden des Saales

[1]) *Astr. Jahrbuch, für* 1807, Seite 138.
[2]) *Königsberger Beobachtungen*, Band 27, Seite 13.

eingelassenen Eisenbahn und steht, wenn die Tribüne nicht benützt wird, in einer Ecke des Saales. Sollen Nadir-Bestimmungen angestellt werden, so fährt man die Tribüne, über die Eisenbahn, auf eine Drehscheibe im Fussboden, zwischen die Pfeiler des Nordcollimators und die Pfeiler des Kreises. Drückt man nun auf einen der zwei, in der Figur sichtbaren, Knöpfe, so fällt eine eiserne Klinge in eine Oeffnung in der Drehscheibe und dadurch wird die Tribüne auf derselben festgesetzt. Die Tribüne wird mit der Scheibe umgedreht, bis die, in derselben sich befindende Eisenbahn, an eine Eisenbahn zwischen den Pfeilern des Instrumentes passt. Die Scheibe lässt sich, durch eine eigene Vorrichtung, leicht in diese Stellung bringen und festsetzen. Drückt man auf den zweiten Knopf des Fussgestelles, so wird die Tribüne gelöst und lässt sich, auf der Eisenbahn, zwischen die Kreise des Instrumentes schieben, wo sie an ein eisernes Widerlager stösst, bevor sie das Instrument berühren kann. Nachdem die Tribüne, durch einen Druck auf den ersten der Knöpfe, in dieser Stellung festgesetzt ist, wird die Treppe niedergelassen. Der Beobachter steht auf der Plateforme der Tribüne vollkommen fest und stellt dort, ohne die mindeste Schwierigkeit, seine Beobachtung an. Hat man nur im Voraus das Fernrohr des Instrumentes nahe senkrecht gestellt, so hat man, bei der Anwendung der Tribüne, durchaus kein Unglück zu befürchten. Man braucht nur etwa eine halbe Minute, um die Tribüne, von der Ecke des Saales, in ihre Stellung zwischen den Kreisen des Instrumentes hinüber zu bringen und für die Beobachtung fertig zu machen und in demselben kleinen Zeitraum hat man die Tribüne wieder in eine Ecke des Saales zurückgeschoben. Die Tribüne bewegt sich auf derselben Eisenbahn, wie der Umlegebock, welcher, wegen Mangels an Raume, seinen festen Standort durchaus nicht an der Nord- oder Südseite des Meridian-Kreises erhalten konnte, wie dies an mehreren Sternwarten der Fall ist. Damit sich sowohl der eine, als der andere Hülfs-Apparat anwenden lasse, ist die Eisenbahn an der anderen Seite der Drehscheibe fortgesetzt, um dort einen der beiden Apparate aufnehmen zu können.

Es ist mir anfangs allerdings als eine Schwierigkeit vorgekommen, dass die Nadir-Tribüne auf ihrer Eisenbahn nur an die Südseite des Meridian-Kreises gebracht werden kann. Um zu untersuchen, ob der Stand des Beobachters die Bestimmung des Nadirs beeinträchtigt, habe ich im Jahre 1863 die Tribüne wiederholt von der Südseite des Instrumentes nach der Nordseite bringen lassen und in beiden Stellungen wurde für den Nadir-Punkt vollkommen dasselbe Resultat erhalten, wenn man nur das Rohr sehr sorgfältig gegen die Einwirkung der Körperwärme des Beobachters schützte. Um dies zu erreichen hat das Geländer der Tribüne, an der Seite, wo das Instrument steht, einen hölzernen Schirm und habe ich, überdiess, am oberen Ende dieses Geländers ein Stück Pappdeckel von solcher Form angebracht, dass dasselbe, ohne das Instrument berühren zu können, das Ocular-Ende des Rohres, nach dem Beobachter hin, verdeckt und nur das Ocular frei lässt.

Es war nicht für die feine Einstellung des Rohres bei Nadir-Bestimmungen gesorgt. Dazu habe ich einen langen Schlüssel, mit zwei kleinen Kronrädern, anfertigen lassen, welcher an der Stelle der gewöhnlichen Schlüssel eingesetzt wird, aber senkrecht steht und oben von einem Ringe aus Messingdraht gehalten wird, der mit einem der oberen Theile des Instrumentes verbunden ist. Auf der messingenen Säule, über dem östlichen Pfeiler, um welchen der Arm sich drehen liess, welcher die kleine ursprüngliche Laterne tragen sollte, habe ich eine andere Laterne, mit einer ziemlich grossen Linse von kurzer Brennweite, aufgestellt. Diese Laterne sieht man in der, auf Tafel III gegebene, Abbildung des ganzen Instrumentes. Sie giebt mit ihrer Linse ein weit besseres Licht, als die ursprüngliche Laterne, und bleibt an derselben Stelle, weit genug vom Ocular-Ende des Rohres entfernt, um durch ihre Wärme nicht schaden zu können.

Bei Nadir-Bestimmungen kann man es nicht umgehen, ein Bild von einem der Fäden, nach dem Augenmaasse, in die Mitte zwischen beide ziemlich weit von einander entfernte Fäden zu stellen.

Indem die Räume, welche gleich gemacht werden müssen, für die Augen des Beobachters senkrecht stehn, hat dieser, bei der Schätzung der Gleichheit beider Räume, einen persönlichen Fehler sehr zu befürchten. Um diese Fehlerquelle gänzlich zu beseitigen, habe ich, im Monat Februar des Jahres 1862, ein einfaches Hülfsmittel eingeführt. Es ist ein Glasprisma, welches so auf das Ocular des, nach dem Nadir gerichteten, Fernrohrs aufgesetzt wird, dass dessen Hypothenusen- oder Spiegel-Fläche mit der Achse des Fernrohrs parallel läuft. Man dreht das Prisma so, dass die Fäden horizontal bleiben, doch werden, da man nun ihre Spiegelbilder erblickt, die Räume zwischen Bild und Fäden umgekehrt. Hat man die Gewohnheit, den oberen Raum zu gross zu schätzen, so wird man dies auch thun wenn man die Fäden durch das Prisma betrachtet, aber der Raum, den man dabei oben sieht, ist wirklich der untere. Das Mittel aus zwei Nadir-Bestimmungen, mit und ohne Prisma, ist also von persönlichen Fehlern gänzlich frei. Wenn man den Kreuzungspunkt der Fäden eines Fernrohrs auf einen Faden eines anderen Fernrohrs einzustellen hat, wie dies bei Untersuchungen über die Biegung vorkommt, können sehr beträchtliche persönliche Fehler statt finden, welche einen falschen Werth für die Biegung finden lassen. Es ist klar, dass auch hier, der Einfluss dieses persönlichen Fehlers, welcher sich an der Leidner Sternwarte nur zu deutlich gezeigt hat, durch ein ähnliches Prisma gänzlich aufgehoben werden kann.

Bei der Stiftung der Pulkowaer Sternwarte hat W. Struve bewegliche Fäden in den Fernröhren von Meridian-Kreisen verworfen [1]), aus Furcht, dass dieselben die festen Fäden berühren und entstellen würden. Dass diese Furcht keineswegs unbegründet ist, haben die Erfahrungen in Leiden erwiesen. Jedoch hat man bei neueren Meridian-Kreisen selbst zwei bewegliche Fäden, einen horizontalen und einen vertikalen, angebracht und der Leidner Kreis, hat, wie sich auch aus der Abbildung Tafel III ergiebt, einen durch eine Mikrometerschraube beweglichen vertikalen Faden. Der grosse Nutzen dieser Einrichtung lässt sich nicht verkennen, obschon sie viele Umsicht in ihrer Handhabung erfordert. In Leiden wird der bewegliche Faden, bei den Nadir-Bestimmungen, benutzt zur Ausmessung der Entfernung des festen Mittelfadens von seinem im Horizonte zurückgeworfenen Bilde, um daraus, verbunden mit der Nivellirung der Achse, den Collimationsfehler der optischen Achse des Instrumentes abzuleiten und unter beständiger Controle zu halten.

*Die Einrichtungen zu Reflex-Beobachtungen.* Bessel's Theorie nach muss dasselbe Gestirn ungefähr gleich häufig reflectirt, als direct beobachtet werden und ich hatte also dafür zu sorgen, dass die Reflex-Beobachtungen nicht zu schwierig wurden. In Leiden wird zu diesen Beobachtungen ein Schönau'scher Horizont angewandt, mit einer rechteckigen Kupferschale, welche eine Länge von 0,60, eine Breite von 0,20 Meter und eine Tiefe von 3 Millimeter hat. Dieser Horizont ist auf dieselbe Weise, wie derjenige für die Nadir-Bestimmungen eingerichtet und ist von einer eigenen Kapsel umgeben, um, so viel wie möglich, Luftzüge abzuhalten. Er ruht auf einem langen und schmalen Tisch, welcher an der einen Seite von, in einen Collimator-Pfeiler eingegipsten, Stützen und an der anderen Seite von einem, auf Stützen in den Hauptpfeilern liegenden, Balken getragen wird. Dieser Tisch lässt sich, durch mehrere andere Stützen, auf verschiedene Höhen und an beide Seiten des Instrumentes bringen. Der Horizont hat eine Vorrichtung, um sich auf dem Tische höher und niedriger stellen und sich leicht darüber bewegen zu lassen. Zur Beobachtung der Gestirne, welche an der Nordseite des Meridians culminiren, wird, zur Erreichung des Oculars, die Nadir-Tribüne angewandt, aber so umgedreht dass die Treppe dem Instrumente zugewandt wird. Der Beobachter steht auf einer der Stufen der Treppe, welche sich mit der ganzen Tribüne vor- und rückwärts schieben lässt. Zur Beobachtung der Gestirne, welche an der Südseite des Meridians culminiren, ist eine besondere Treppe

[1]) *Description de l'observatoire astronomique central de Poulkova par F. G. W. Struve, St. Petersbourg,* 1845, Seite 118.

vorhanden, welche, indem sich dazu kein Raum im Meridian- Saale- fand, im Gange aufbewahrt wird. Da man diese Treppe, deren Stufen dem Instrumente zugewandt werden, niemals zwischen die Kreise zu schieben hat, kam es mir nicht nothwendig vor, dieselbe auf eine Eisenbahn zu stellen. Sie ruht auf Rollen, worauf sie sich ungemein leicht bewegen lässt. Ist diese Treppe an die gehörige Stelle geführt, so hat man nur an einem Hebel zu ziehen, um dieselbe sogleich auf vier festen Füssen ruhen zu lassen. Eine Versetzung des Hebels bringt die Treppe wieder auf ihre Rollen zurück, wonach sie sich ganz leicht wieder aus dem Saale hinaus führen lässt. Diese Treppe hat an jeder Seite ein Geländer, an welchem der Beobachter sich fest halten kann.

*Die Meridian-Zeichen.* Es giebt nur ein einziges Mittel um das Azimuth eines Meridian-Kreises, ganz unabhängig von allen Voraussetzungen über Rectascensionen, zu bestimmen, nämlich die Beobachtung eines dem Pole nahe stehenden Sterns, in seinen unteren und oberen Culminationen. Mit dieser Bestimmung sind jedoch die Schwierigkeiten verbunden, dass sie von dem Gange der angewandten Uhr nicht unabhängig ist, dass man dabei die Aenderung des Azimuthes, während vierundzwanzig Stunden, genau kennen muss und dass sie keineswegs an jedem Tage, an welchem Beobachtungen möglich sind, ausgeführt werden kann. Bei Fundamental-Bestimmungen wird man jedenfalls diese Bestimmung zur Ausführung bringen müssen, so oft als die Witterung es nur erlaubt. Man hat den Gang der Uhr nicht in seiner Gewalt, und muss daher, durch die Wahl des zu beobachtenden Sterns, den Einfluss von Unregelmässigkeiten des ersteren möglichst verringern. Die Aenderungen des Azimuthes lassen sich durch geeignete Hülfsmittel bestimmen und es kommt sehr viel darauf an, diese Hülfsmittel dergestalt einzurichten, dass sie die genannten Aenderungen nicht nur für mehrere Stunden, sondern selbst für ganze Tage, mit hinreichender Genauigkeit, erkennen lassen.

Für Azimuth-Bestimmungen eignet sich besonders der Polarstern (= *Urs. Min.*), der sich bei Tag und bei Nacht mit grosser Schärfe beobachten lässt. Hat aber die Uhr die Zeit der zweiten Culmination nur eine halbe Secunde früher oder später, als nach ihrem mittleren Gang, angegeben, so giebt diess, in dem Unterschiede zwischen den mit einander zu vergleichenden Zeiträumen, einen Fehler einer ganzen Secunde, welcher im Azimuth einen Fehler von 0,"30 erzeugt. Da mit diesem Fehler alle Beobachtungen eines oder mehrerer Tage behaftet sind, ist er gewiss nicht zu vernachlässigen. Wählte man den Stern $\delta$ *Urs. Min.* welcher sich öfters ziemlich gut auch am Tage beobachten lässt, so würde die genannte Unregelmässigkeit in dem Gang der Uhr schon einen Fehler von 0,"73 im Azimuth erzeugen. Es würde schwer sein den Gang, auch der vollkommensten Uhr, in 12 Stunden, auf 0,2 oder 0,3 Sec. zu verbürgen und daher ist mir der Stern $\delta$ *Urs. Min.* für Azimuth-Bestimmungen nicht geeignet vorgekommen. Will man wirkliche Fundamental-Bestimmungen anstellen, so muss man, W. Struve's Vorgange folgend, den Polarstern beobachten, auch wenn dessen Culminationen auf ungeschickte Stunden des Tages oder der Nacht fallen. Ich gebe zu, dass der Polarstern sich, in gewissen Jahreszeiten, durch kleinere, dem Pole gleich nahe, Sterne ersetzen liesse, aber wird das Azimuth nicht durch die Beobachtung von, unmittelbar auf einander folgenden, oberen und unteren Culminationen desselben, dem Pole sehr nahe stehenden, Sterns unabhängig bestimmt, so kann man nur theilweise und durch einen langen Umweg sein Ziel erreichen und sind die Beobachtungen kaum als fundamentale zu betrachten.

Wendet man als Meridian-Zeichen ein Fernrohr an, welches am Fundamente des Meridian-Kreises oder an einem auf diesem Fundamente stehenden Pfeiler befestigt ist, so hat man, meiner Meinung nach, durchaus keine Sicherheit, dass die Versetzungen dieses Fernrohrs nicht von derselben Ordnung als die Versetzungen des Instrumentes selbst sein werden und ein solches Fernrohr scheint sich mir daher nicht zu einem Meridian-Zeichen zu eignen. Soll ein Meridian-Zeichen wirklich gute Dienste leisten, so müssen dabei dieselben liniairen Versetzungen weit kleineren angulären Werthen haben, wie beim Meridian-Kreise selbst und diess lässt sich nur erreichen, wenn das Zeichen weit entfernt ist. Die Erfahrung hat gezeigt, dass Meridian-Zeichen, in so grosser Entfernung, dass man, zu ihrer Betrachtung, weder Linsen, noch Versetzung des Oculares braucht, meistens nutzlos sind. Die einzigen wirklich brauchbaren Meridian-Zeichen dagegen sind die in 100 bis 200 Meter Entfernung befindlichen, welche durch eine besondere Linse beobachtet werden müssen. Diese Meridian-Zeichen, welche schon längst zuvor in England in Gebrauch waren, sind auch an der Pulkowaer Sternwarte, gleich bei ihrer Gründung, eingeführt und sie sind auch von mir angewandt, obgleich ich keine grösseren Entfernungen, als von etwa 100 Meter, zu meiner Verfügung hatte.

Bei der Beschreibung des Gebäudes der Sternwarte, habe ich schon (Seite LI) die zwei kleinen Gebäude der Meridian-Zeichen beschrieben. Hätten die vorhandenen Geldmittel es zugelassen, so würde ich diese Gebäude weit grösser und höher gewählt haben Herr G. A. STEINHEIL, der schon Glaslinsen von sehr grosser Brennweite zu Meridian-Zeichen, für Herrn Geheimrath PAUCKER und für die Sternwarten in Tiflis, Kasan und Bern geliefert hatte, hatte die Güte auch mir zwei solche Linsen, welche sehr vortrefflich sind, zu verschaffen. Diese Linsen sind, mit Eisenplatten, sehr solide auf den Pfeiler der Collimatoren befestigt und werden davon nur dann abgeschraubt, wenn Untersuchungen über die Biegung, durch Collimatoren, anzustellen sind. Die Pfeiler der Collimatoren haben einen quadratischen Durchschnitt, dessen Seiten 0,55 Meter betragen und sind also stärker, als die oberen Theile der Pfeiler des Meridian-Kreises. Es giebt also durchaus keine Ursache zu befürchten, dass die Pfeiler der Collimatoren sich mehr als die Pfeiler des Kreises versetzen werden. Unterliegt einer der Pfeiler des Kreises einer Aenderung, wodurch seine Theile, auf der Höhe der Achse, sich, von Norden nach Süden, um ein zehntel Millimeter versetzen, so wird das Azimuth des Instrumentes dadurch um 20 Secunden geändert. Eine Versetzung des Collimator-Pfeilers von demselben Betrage, in der meist ungünstigen Richtung von Osten nach Westen, würde das Azimuth des Meridian-Zeichens nur u.n 0,"2 ändern, indem die Entfernung des Zeichens hundert mal grösser als die gegenseitige Entfernung der Zapfen des Instrumentes ist. Es ist nicht wahrscheinlich, dass die kurzen eingeschlossenen Säulen, welche die Meridian-Zeichen tragen, einer grösseren Aenderung, als die Pfeiler der Collimatoren unterliegen.

Das eigentliche Meridian-Zeichen ist eine kleine Oeffnung in einer Messingplatte, welche, wenn der Hintergrund gut erleuchtet ist, sich im Fernrohre des Meridian-Kreises als eine lichte Scheibe zeigt, welche einen Durchmesser von ungefähr drei Secunden hat und sich, durch einen Faden, sehr scharf bisectiren lässt. Die Aenderungen des Azimuthes werden dadurch bestimmt, dass man, mit der Mikrometerschraube des beweglichen vertikalen Fadens, die Entfernung des Zeichens vom Mittelfaden misst. Beim nördlichen Meridian-Zeichen findet die Beleuchtung des Hintergrundes statt, mittelst der Gasflamme, welche den Meridian-Saal erleuchtet. Vor einer der Glasscheiben eines der Fenster an der Nordseite ist eine dicke Glaslinse angebracht, welche einen Durchmesser von 0,185 Meter hat. Die Gasflamme hat einen drehbaren Arm, womit sie sich in einem Augenblicke so vor die Glaslinse stellen lässt, dass ihr Bild auf das Meridian-Zeichen fällt. Diese Stellung ist leicht zu finden, indem dabei die Gasflamme mit dem Bilde des Meridian-Zeichens zusammen treffen muss. Die Flamme muss alsdann, vom Meridian-Zeichen aus gesehen, die ganze Glaslinse, welche sich dort unter einem Durchmesser von mehr als sechs Minuten zeigt, zu erleuchten scheinen, und so hat man einen beträchtlichen Spielraum. Auf der Säule des Meridian-Zeichens und hinter demselben, befinden sich zwei vertikale Glasspiegel, welche Winkel von ungefähr 45° mit dem Meridian bilden. In Fig. 4 Tafel IV wird der eine Spiegel durch $ab$, der andere durch $cd$ dargestellt. Das Licht der Linse fällt in der Richtung $ef$ auf den Spiegel $ab$, wird von da nach dem Spiegel $cd$ und weiter von diesem, im Punkte $g$, durch das Meridian-Zeichen $h$, nach der Achse des Fernrohrs zurückgeworfen.

Jeder von beiden Spiegeln wird durch Federkraft gegen drei feste Punkte in einer starken Eisenplatte angedrückt. Beim Spiegel $cd$ sind diese Punkte die Spitzen dreier Schrauben, womit er sich rectificiren lässt. Zu dieser Rectification ist, von einem kleinen Theil des Spiegels $cd$, bei $g$, die Folie weggenommen und die ihn tragende Eisenplatte daselbst durchbohrt. Es wird ein kleines Fernrohr, mit einem Fadenkreuz, durch die Oeffnung $g$, auf den Mittelpunkt des, von dem Spiegel $ab$ reflectirten, Bildes der erleuchteten Glaslinse gerichtet. Ein zweites Fernrohr wird, hinter dem Spiegel $cd$, durch die Oeffnung $g$, auf die Glaslinse des Meridian-Zeichens im Meridian-Saale gerichtet und der Spiegel $cd$ wird, mit dessen Stellschrauben, so gestellt, dass das darauf reflectirte Bild des Kreuzungspunktes der Fäden im ersten Fernrohre, durch das zweite Fernrohr gesehen, ungefähr vor dem Mittelpunkte der Glaslinse erscheint. Es ist dafür Sorge getragen, dass der Lichtstrahl, welcher durch das Meridian-Zeichen $N$ gehen muss, auf einen mit Folie belegten Theil des Spiegels fällt, und doch die beiden Hülfsfernrohre sich leicht anwenden lassen. Diese Rectification, welche mit der Anwendung des STEINHEIL'schen Heliotropen übereinstimmt, erfordert nur wenige Minuten und braucht in ganzen Jahren nicht wiederholt zu werden, wenn man die Spiegel nicht muthwillig zerstört. Auf dieselbe Weise ist das südliche Meridian-Zeichen eingerichtet, wozu eine Glaslinse am Fenster im kleinen Zimmer $E$, Fig. 3, Tafel II, angebracht und eine kleine Petroleumlampe am Pfeiler aufgehängt ist. Diese Einrichtung, um die Meridian-Zeichen, bei Tag und Nacht, zu beleuchten, ist so zweckmässig, dass ich dieselbe doch noch vorziehen würde, wenn sich auch Lampen hinter den Meridian-Zeichen anbringen liessen. Die zwei Meridian-Zeichen können einander controliren und jedes lässt sich, mit grossem Vortheile, anwenden zur Bestimmung des Collimations-Fehlers im Horizonte, bei Umlegung der Achse. Die Vergleichung des hierbei erhaltenen Resultates, bei dem Collimations-Fehlern im Nadir, kann zur Bestimmung der Biegung der Umdrehungs-Achse sehr wichtig sein.

Die Linie vom Fernrohr des Meridian-Kreises zum südlichen Meridian-Zeichen ist allenthalben mehr als 1,5 Meter vom Boden entfernt. Die Linie vom genannten Fernrohr zum nördlichen Meridian-Zeichen streicht aber, bis auf wenige Centimeter, über den Gipfel einer Anhöhe hin, welche sich im botanischen Garten findet. Diese Anhöhe ist jedoch mit Bäumen bepflanzt und der Boden derselben wird nicht unmittelbar durch die Sonnenstrahlen erwärmt. Oeftere, und besonders bei Sonnenschein, sind die Bilder der Meridian-Zeichen sehr unruhig, aber meistens lassen sie sich mit gehöriger Schärfe einstellen.

*Die Einrichtung zur Untersuchung der Theilung.* Um ein einziges Mikroskop lässt sich an einem beliebigen Punkte der Scheibe $C$ (Fig. 1 und 2 auf Tafel IV) festklemmen, aber, indem sein messingenes Klemmstück einen beträchtlichen Theil des Umkreises der Scheibe einnimmt, lassen zwei der Mikroskope sich einander nicht näher bringen, als auf eine Entfernung von ungefähr 40 Grade. Diess reicht völlig hin, um, durch passende Theilung von schon untersuchten Bögen in zwei oder drei gleiche Theile, die Fehler der Striche von 5 zu 5 Graden zu bestimmen und man könnte, auf die dieselbe Art, auch kleinere Zwischenräume untersuchen. Eine vollständige Untersuchung aller Theilstriche, würde doch mit den ursprünglichen Mikroskopen des Instrumentes nicht möglich sein. Beim grossen Meridian-Kreise der Sternwarte in Greenwich hat man, zur Untersuchung der Zwischenräume von einem Grade, ein Mikroskop mit zwei Objectiven, wovon das abwechselnd das eine und das andere verdeckt wird, angebracht[1]). Zur Untersuchung der Zwischenräume von 5 Minuten, hat man dort einem der Mikroskope zwei Faden-Paare, auf ungefähr 5 Minuten Entfernung gegeben und ein ähnliches Verfahren hat man, zur Untersuchung der Zwischenräume von 2 Minuten, beim Meridian-Kreis der Sternwarte in Washington angewandt[2]). Zur Untersuchung kleinerer Zwischenräume haben die

¹) *Greenwich Observ.* 1852, Introd. Seite 9 und 21.
²) *Washington Observations*, 1865, *Appendix I.*

Künstler dem Meridian-Kreis der Sternwarte in Albany ein, als Heliometer eingerichtetes, Mikroskop hinzugefügt [1]). Diese Hülfsmittel haben aber den Mangel, dass sie die Ausmessung von Zwischenräumen sehr verschiedener Grössen nicht mit gleicher Schärfe zulassen, welches jedoch nothwendig ist, wenn man, bei einer vollständigen Bestimmung der Fehler von Zwischenstrichen, eine beträchtliche Anhäufung von Beobachtungsfehlern umgehen will. Die grosse Schwierigkeit schien darin zu liegen, dass es nicht möglich ist, zwei Mikroskope auf eine beliebige sehr kleine Entfernung zu bringen, aber dies ist keineswegs nothwendig, indem man nur die Fehler von Durchmessern zu kennen braucht. Man erreicht sein Ziel vollkommen, wenn man die zwei Mikroskope, anstatt auf die Entfernung des zu messenden Zwischenraumes, auf eine Entfernung von 180° ± diesem Zwischenraum bringt und dazu eignen sich die Meridian-Kreise der Herren Piston & Martins besonders. Die Arme der vier Mikroskope eines jeden Kreises haben eine Neigung von 45° gegen den Horizont, und zwischen ihren Klemmstücken lässt sich, an jeder Seite, ein ähnliches Klemmstück eines horizontalen Hülfsarmes anbringen, welches dort einen Spielraum von mehr als 5° hat. Die zwei Mikroskope, von denen nur eins eine Mikrometer-Schraube zu haben braucht, lassen sich also auf alle Entfernungen, zwischen 180° ± der kleinsten beliebigen Grösse und 180° ± 5° bringen und erlauben also, mit derselben Arbeit und mit vollkommen derselben Schärfe, die Untersuchung aller Winkel zwischen Durchmessern, von dem kleinsten Zwischenraum zwischen den Theilstrichen ab, bis zu mehr als 5 Graden. Dieses Verfahren scheint mir grosse Vortheile darzubieten, denn hat man einmal die Fehler der Hauptstriche von 10° zu 10°, oder von 5° zu 5° bestimmt, so hat man, bei seiner Anwendung, für die zeitraubende Untersuchung der Fehler der sehr zahlreichen Zwischenstriche, die ursprünglichen Mikroskope des Instrumentes gar nicht zu berühren. Man kann, so oft man will, einige Zeit der Untersuchung der Theilung widmen, ohne im mindesten das Instrument für die Beobachtung der Gestirne unbrauchbar zu machen.

Um dieses Verfahren zu erläutern, nehme ich an, dass ein Bogen $af$ der Kreistheilung, durch die Zwischenstriche $b, c, d$ und $e$, in fünf gleiche Theile getheilt sei. Die Striche, welche den Strichen $a, b, c, d, e$ und $f$ diametral gegenüber stehn, seien $a', b', c', d', e'$ und $f'$. Ich setze voraus, dass der Fehler des Durchmessers $aa' = k$, und der Fehler des Durchmessers $ff' = l$ bekannt ist und dass man die Fehler der Durchmesser $bb', cc', dd'$ und $ee'$ zu bestimmen hat. An der Seite des Bogens $af$ sei ein Mikroskop ohne Mikrometer-Schraube, welches ich I nennen werde, und an der Seite des Bogens $a'f'$ sei ein Mikroskop mit Mikrometer-Schraube, welches II heissen soll, angebracht. Die Entfernung der Mikroskope sei ungefähr $180° + \tfrac{1}{5}af$. Man bringe, durch die Stellschraube des Kreises, nach einander die Striche $a, b, c, d$ und $e$ unter Mikroskop I, wobei die Striche $b', c', d', e'$ und $f'$ unter Mikroskop II kommen werden, was jedesmal abgelesen wird. Die Differenzen zwischen diesen Ablesungen, so genommen, dass jede Ablesung von der unmittelbar darauf folgenden abgezogen wird, seien $p, r, t$ und $v$. Man drehe jetzt den Kreis um 180°, und bringe, nach einander, die Striche $a', b', c', d'$ und $e'$ unter Mikroskop I, wobei die Striche $b, c, d, e$ und $f$, nach einander, unter Mikroskop II erscheinen werden. Die Differenzen der Ablesungen am letztgenannten Mikroskope, der Reihenfolge nach, und wieder so genommen, dass jede Ablesung von der unmittelbar darauf folgenden abgezogen wird, seien $q, s, u$ und $w$. Setzt man dann, zur Abkürzung:

$$\alpha = \frac{8(p+q)}{5} + \frac{6(r+s)}{5} + \frac{4(t+u)}{5} + \frac{2(r+w)}{5} + \frac{l-k}{5}$$

$$\beta = \alpha - \frac{p+q}{2}\,;\; \gamma = \beta - \frac{r+s}{2}\,;\; \delta = \gamma - \frac{t+u}{2}\,;$$

[1]) Nach einem Schreiben der Herren Piston und Martins.

so hat man:

Fehler des Durchmessers $bb' = k + \alpha$
„ „ „ $cc' = k + \alpha + \beta$
„ „ „ $dd' = k + \alpha + \beta + \gamma$
„ „ „ $ee' = k + \alpha + \beta + \gamma + \delta$

Das Verfahren wird noch weit einfacher, wenn man einen Bogen in nur 2 oder 3 gleiche Theile zu theilen hat. Hat man, aus den Fehlern der Striche von 5° zu 5°, die Fehler der Striche von 1° zu 1° abzuleiten, so wird man schwerlich die Theilung des Bogens in fünf gleiche Theile umgehn können, wobei schon einige Anhäufung der Beobachtungsfehler statt findet. Setzt man nämlich den wahrscheinlichen Fehler einer jeden Einstellung gleich eins, so ist der wahrscheinliche Fehler des Resultates, für den ersten und vierten Zwischenstrich, 0,89 und für den zweiten und dritten Zwischenstrich 1,10. Die Anhäufung der Beobachtungsfehler, in die man verfallen würde, wenn man einen Bogen, auf einmal, in eine zu grosse Zahl gleicher Theilen theilen wollte, lässt sich bei diesem Verfahren ganz leicht umgehen. Hätte man z. B. aus den Feldern der Striche von 1° zu 1°, die Fehler der Striche von 5' zu 5' abzuleiten, so könnte man die Mikroskope auf eine Entfernung von 180° ± 5' stellen, und damit die zwölf Zwischenräume unmittelbar mit einander vergleichen, aber dann würde das Resultat, für den sechsten Zwischenstrich, einen wahrscheinlichen Fehler haben, gleich 1,73 mal den wahrscheinlichen Fehler einer jeden Messung. Gleich leicht kann man aber die Mikroskope, erstens auf die Entfernung 180° ± 30', dann auf die Entfernung 180° ± 15' und nachher auf die Entfernung 180° ± 5' stellen, um den Bogen eines Grades erstens in zwei, nachher jeden halben Grad wieder in zwei und endlich jeden Viertelgrad in drei gleiche Theilen zu theilen. Die letzt erhaltenen Resultate werden dann noch nur einen wahrscheinlichen Fehler erreichen, welcher 0,89 mal den wahrscheinlichen Fehler einer jeden Messung beträgt.

Es ist leicht zu zeigen, dass man, bei diesem Verfahren, von der Excentricität und der Biegung des Kreises, so wie von dessen senkrechtem Stand auf seiner Achse und von der Form der Zapfen unabhängig ist. Jedenfalls ist es, bei allen Bestimmungen von Theilungs-Fehlern, nothwendig, dass die Mikroskope sehr genau in einer Ebene liegen, welche durch die Umdrehungs-Achse des Instrumentes geht. Um dies zu erreichen bringe ich ein Messer oder einen scharfen elfenbeinernen Keil zwischen die Achse des Instrumentes und den festen Stahlring, am westlichen Pfeiler, wogegen sie stösst und verschiebe dadurch, bei gut festgeklemmtem Arme, das ganze Instrument auf seinen Lagern. Die Stellung des Mikroskopes wird geändert, bis sich, bei dieser Verschiebung des Instrumentes, keine Versetzung der Striche gegen die Fäden mehr zeigt. Die bisweilen empfohlene Biegung des Kreises mit dem Finger führt nicht zum Ziele.

Zur bequemen Bestimmung der Theilungs-Fehler habe ich, an jeden Kreis, zwei Hülfsmikroskope angebracht, wovon eins mit, das andere ohne Mikrometer-Schraube ist, und wovon sich eins, zur linken Seite des vorderen Kreises, in der Abbildung des ganzen Instrumentes auf Tafel III zeigt. Zur Befestigung dieser Mikroskope hat der Schmied C. Heitmann in Leiden Klemmstücke, den ursprünglichen ähnlich, und Arme aus eisernen Gasröhren, sehr gut angefertigt. Diese Arme sind mit Wolle bekleidet und dergestalt gebogen, dass die Mikroskope eine senkrechte Stellung gegen den geneigten getheilten silbernen Rand des Instrumentes erhalten. Auf der hölzernen abgestumpften Pyramide, welche, auf jedem Collimator-Pfeiler, die Linse des Meridian-Zeichens überdeckt, steht eine kleine Petroleum-Lampe und davor eine, mit Wasser gefüllte, Glaskugel, wie sie die Schuhmacher anzuwenden pflegen. Eine ähnliche Glaskugel hängt an der Handhabe der Treppe, vor dem Mikroskope. Durch diese Glaskugel, wofür sich auch Glaslinsen anwenden liessen, wird das Licht der Lampe sehr verstärkt, und auf einem kleinen weissen Schirme, zwischen dem Mikroskope und dem Rande des Kreises concentrirt. Obschon die kleine Lampe 2,25 Meter vom Mikroskope entfernt ist, wird die Stelle der Theilung, unter dem Mikroskope, gut beleuchtet und indem diese Beleuchtung von allen Seiten statt findet, sieht man die Theilstriche scharf und sauber, bei einer ungefähr 60 maligen Vergrösserung der Mikroskope.

*Der Sonnenschirm.* Da die Beobachtungen der Sonne den wichtigsten Theil der Fundamental-Rectascensions-Bestimmungen ausmachen, war es nothwendig, dabei das Instrument gegen die Sonnenstrahlen möglichst zu schützen. Als ich im Jahre 1847 die Sternwarte in Hamburg besuchte, sah ich dort eine Einrichtung des Sonnenschirmes, welche mir höchst bequem und zweckmässig vorkam, welche aber in keiner mir bekannten Beschreibung einer Sternwarte erwähnt wird. Ich bin dieser Einrichtung, mit einigen Abänderungen, an der Sternwarte in Leiden nachgefolgt. Im Inneren des Meridian-Saales befindet sich, an jeder Seite der Meridian-Spalte, ein Seil ohne Ende, welches an der Südseite des Saales am Fussboden anfängt, senkrecht längs der Mauer aufsteigt, längs der Decke in horizontaler Richtung der Spalte folgt und, an der Nordseite des Saales, zu dem Fussboden herabsinkt. Jedes dieser Seile läuft, auf einer Rolle am Fussboden an der Südseite, auf zwei Rollen an dem Südende der Decke, auf zwei Rollen an deren Nordende und endlich auf einer Rolle an der Nordseite der Mauer. Alle diese Rollen drehen sich um feste Achsen, mit Ausnahme der letztgenannten, an deren Achse ein schweres Gewicht hängt, wodurch das Seil gespannt wird und immer mit derselben Kraft gespannt bleibt, wenn es in Folge einer Aenderung der Luft-Feuchtigkeit seine Länge ändert. Die zwei Rollen am Fussboden, über jede von denen eines der beiden Seile läuft, sind an derselben horizontalen Achse befestigt, welche sich, vermittelst Kronrädern und einer Kurbel, welche in bequemer Höhe angebracht ist, umdrehen lässt. Dadurch gleiten beide Seilen gleichmässig über ihre Rollen und kommt derselbe Theil eines jeden derselben an verschiedene Stellen der Meridian-Spalte. An den zwei Seilen ist ein Stück Segeltuch befestigt, welches eine grössere Breite als die Meridian-Spalte und eine Länge von 3,9 Meter hat. Dreht man die Kurbel, so wird dieses Segeltuch von den Seilen, waran es befestigt ist, mitgenommen und dadurch lässt sich eine Oeffnung, welche in seiner Mitte angebracht ist, auf eine beliebige Höhe bringen. Durch diese Oeffnung wird die Sonne beobachtet, während das Segeltuch das Instrument gegen die Einwirkung ihrer Strahlen vollkommen schützt.

Da bei der Beobachtung der Sonne, die Wärme im Brennpunkte des Fernrohrs sonst, für die Linsen des Oculares, zu gross sein würde, wird vor dem Objective ein Stück Pappdeckel, mit einer Oeffnung von $3\frac{1}{2}$ Zoll, angebracht. Dasselbe hat ein Gewicht von 0,017 Kilogr. Wenn die Sonne beobachtet werden soll, wird zuerst das Fernrohr, durch einen der Kreise, auf die gehörige Höhe eingestellt. Der Beobachter nimmt das Ocular heraus und lässt die Kurbel drehen, bis er die Oeffnung des Objectives, von der etwas grösseren Oeffnung im Schirme, ganz frei gemacht sieht. Wenige Augenblicke vor dem ersten Antritt, nach der Uhr bestimmt, lässt er den Gehülfen die Klappe oeffnen und dieselbe, gleich nach dem letzten Antritt, wieder schliessen. Ich glaube, auf diese Art, das Instrument, so viel als möglich, gegen die Einwirkung der Sonnenstrahlen gesichert zu haben.

Schliesslich habe ich zu bemerken, dass ich alle von mir beim Meridian-Kreise eingeführten Hülfs-Apparate und Einrichtungen strenge geprüft und den Observatoren nicht übergeben habe, bevor ich mich, durch zahlreiche Beobachtungen, welche in meinen Tagebüchern aufbewahrt werden, von deren Zweckmässigkeit überzeugt hatte. Ich bedauere es nur, dass sie nicht so vollständig benützt sind, als ich meinte wünschen zu müssen.

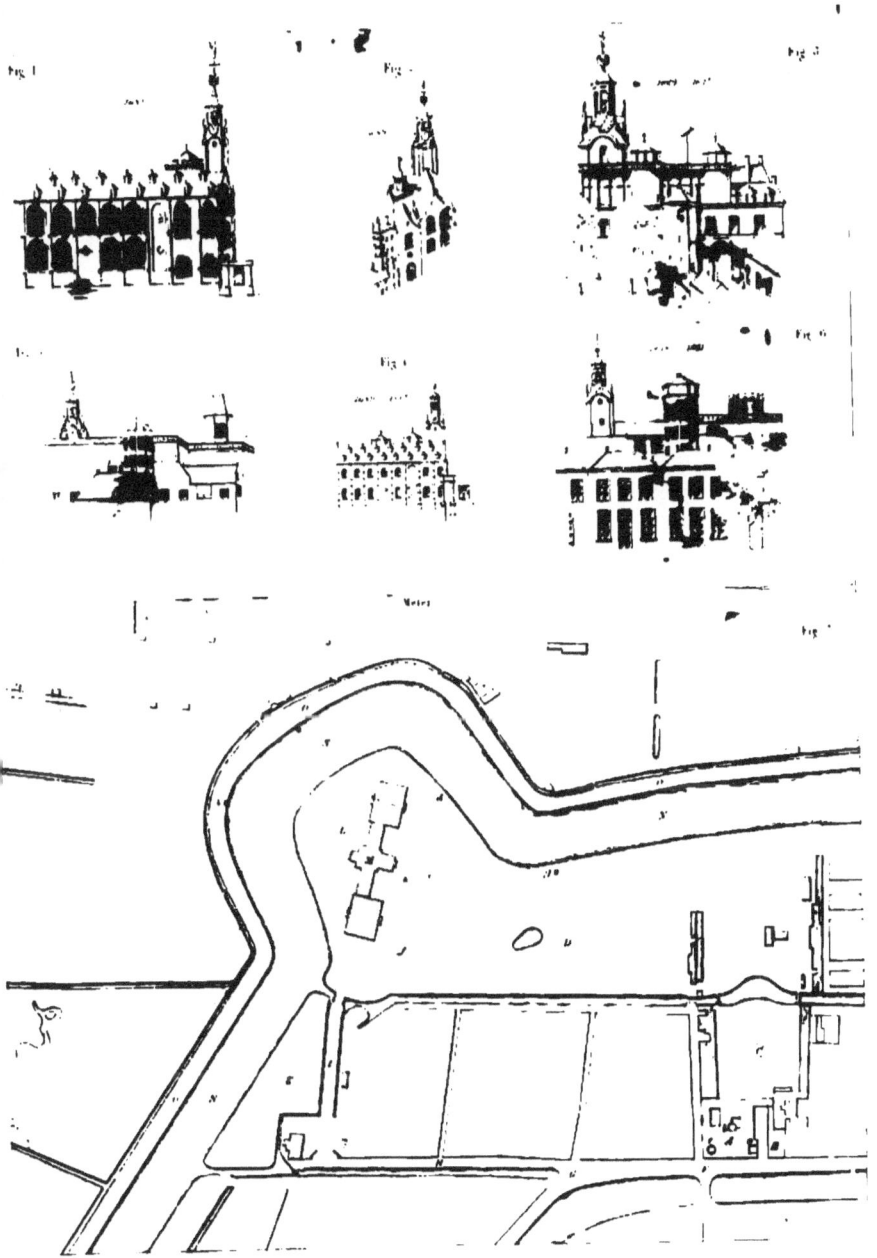

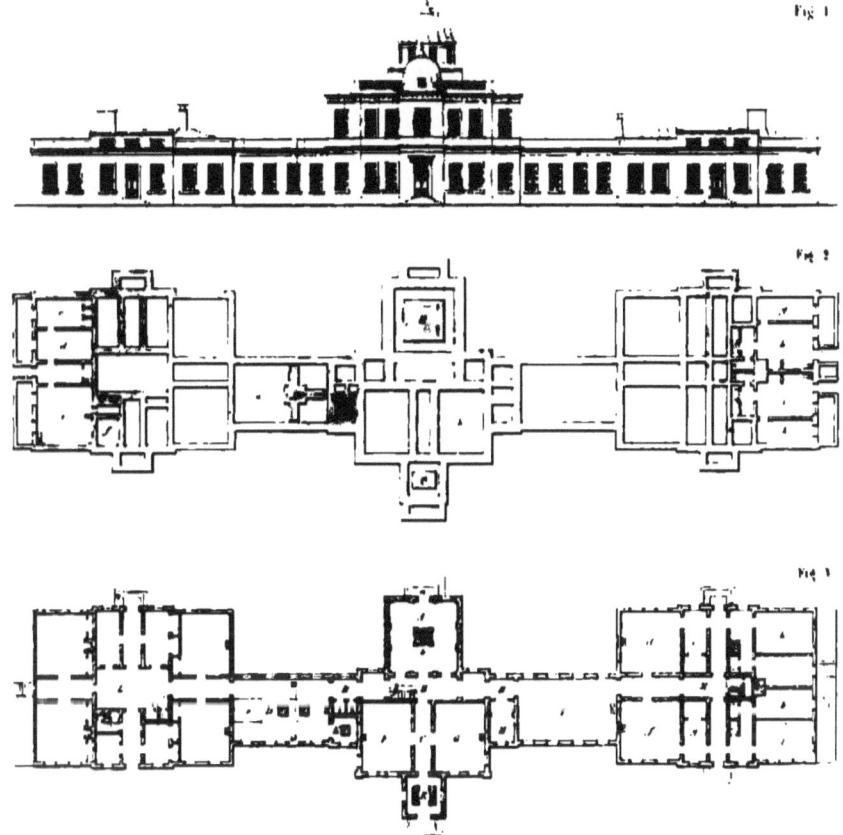

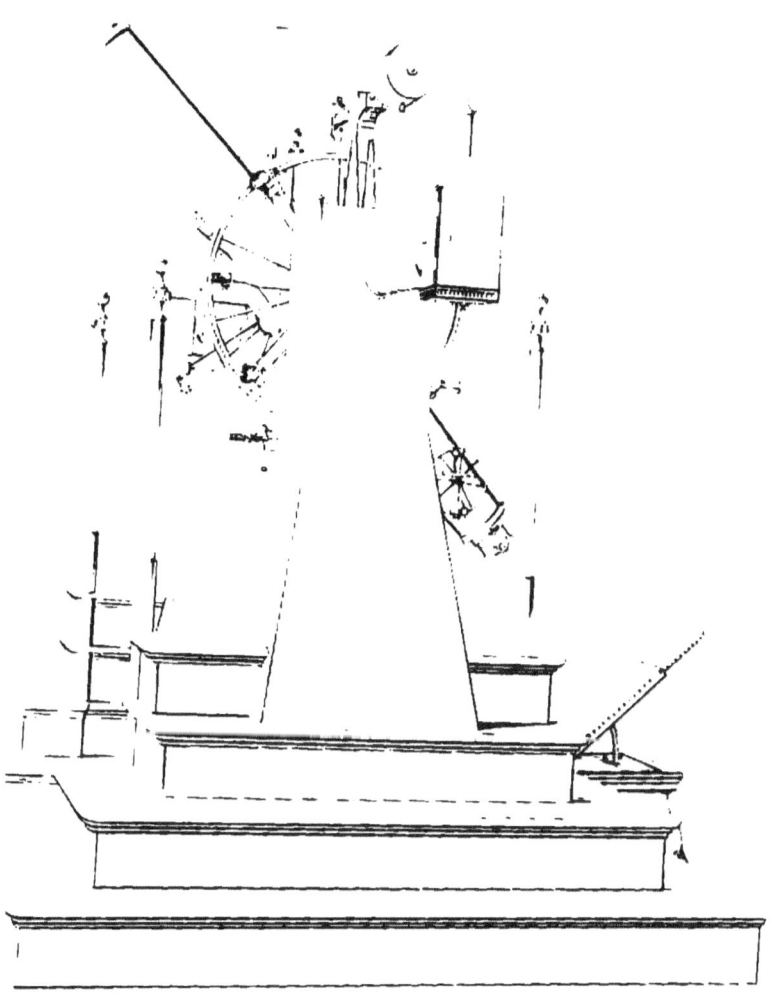

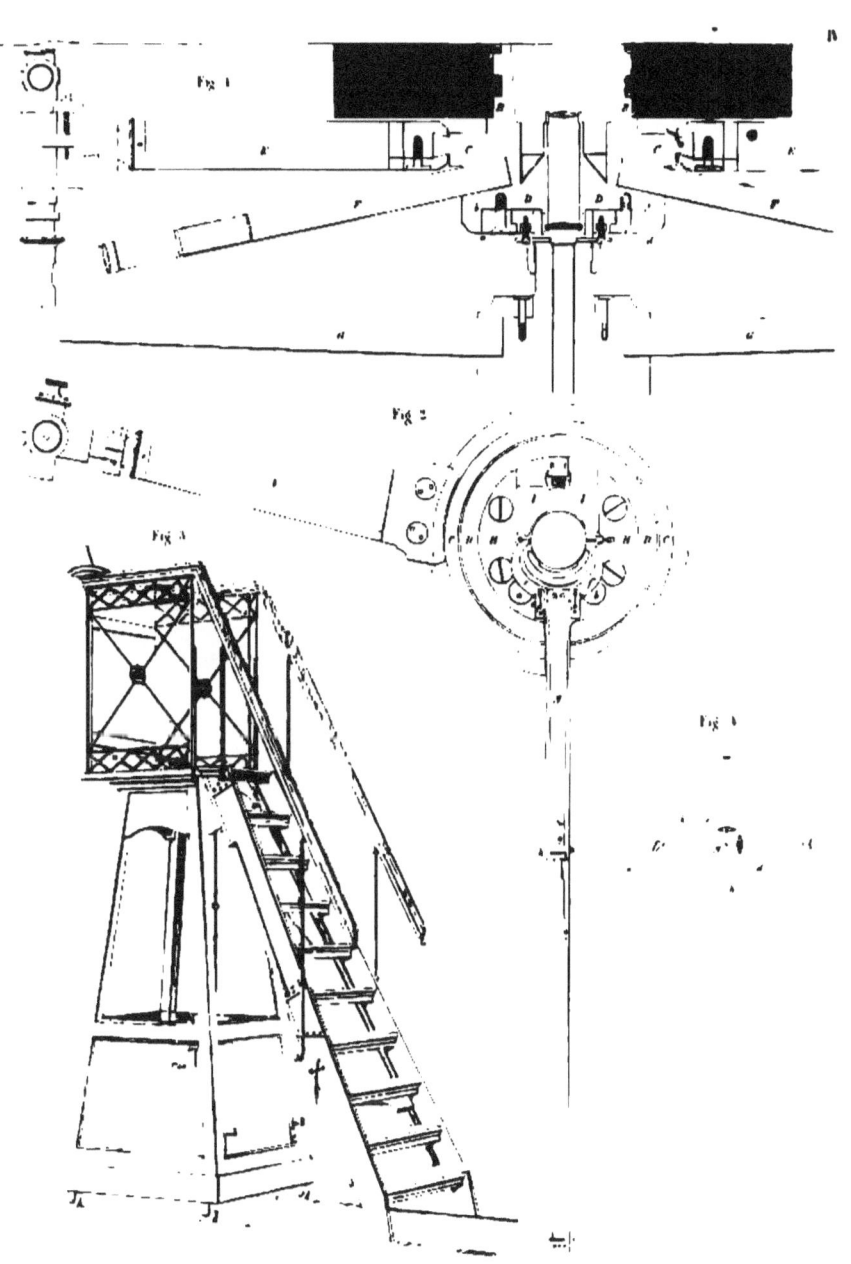

www.ingramcontent.com/pod-product-compliance
Lightning Source LLC
Chambersburg PA
CBHW021948160426
43195CB00011B/1281